ANITA WAINGORT NOVINSKY

Organizado por **Daniela Levy** e **Ilana Novinsky**

A Luta Inglória do Padre Antônio Vieira
e Outros Estudos

O Último Livro da Autora

Anita Waingort Novinsky

Organizado por **Daniela Levy** e **Ilana Novinsky**

A Luta Inglória do Padre Antônio Vieira
e Outros Estudos

São Paulo | 2021

Título Original: A Luta Inglória do Padre Antonio Vieira e Outros Estudos

Copyright © 2021 – Anita Waingort Novinsky

Os direitos desta edição pertencem à LVM Editora, sediada na
Rua Leopoldo Couto de Magalhães Júnior, 1098, Cj. 46
04.542-001 • São Paulo, SP, Brasil
Telefax: 55 (11) 3704-3782
contato@lvmeditora.com.br

Gerente Editorial | Giovanna Zago
Editor-Chefe | Pedro Henrique Alves
Editor de Aquisição | Marcos Torrigo
Copidesque | Chiara Di Axox
Revisão ortográfica e gramatical | Mariana Diniz Lion
Preparação dos originais | Pedro Henrique Alves & Mariana Diniz Lion
Produção editorial | Pedro Henrique Alves
Projeto gráfico | Mariangela Ghizellini
Diagramação | Rogério Salgado / Spress
Impressão | Edigráfica

Impresso no Brasil, 2021

Dados Internacionais de Catalogação na Publicação (CIP)
Angélica Ilacqua CRB-8/7057

N841L   Novinsky, Anita Waingort, 1922-2021
         A luta inglória do padre Antonio Vieira e outros estudos / Anita Waingort Novinsky ; organização de Daniela Levy e Ilana Novinsky. -- São Paulo : LVM Editora, 2021.
         168 p. : il., color.

         ISBN 978-65-86029-53-6

         1. Vieira, Antonio, 1608-1697 - Biografia 2. História 3. Cristianismo I. Título II. Levy, Daniela III. Novinsky, Ilana

21-5133   CDD 922

Índices para catálogo sistemático:
1. Vieira, Antonio - 1608-1697 - Biografia

Reservados todos os direitos desta obra.
Proibida a reprodução integral desta edição por qualquer meio ou forma, seja eletrônica ou mecânica, fotocópia, gravação ou qualquer outro meio sem a permissão expressa do editor. A reprodução parcial é permitida, desde que citada a fonte.

Esta editora se empenhou em contatar os responsáveis pelos direitos autorais de todas as imagens e de outros materiais utilizados neste livro. Se porventura for constatada a omissão involuntária na identificação de algum deles, dispomo-nos a efetuar, futuramente, as devidas correções.

SUMÁRIO

Prefácio 9
Introdução 13

Parte 1
As ideias de Padre Antonio Vieira

Capítulo I - O "Outro" Vieira. 19
Capítulo II - O espírito do século XVII e o Messianismo 25
Capítulo III - Vieira e o Sionismo 39
Capítulo IV - Vieira e a Inquisição 47
Capítulo V - Vieira: um homem dividido 67
Considerações Finais 71

Parte 2
Outros Estudos

Capítulo VI - A família brasileira 79
Capítulo VII - Os Bandeirantes: uma nova perspectiva
                sobre sua origem 91
Pósfácio. 103

Parte 3
Anexos

Carta I - Carta do padre Antonio Vieira respondendo ao Amigo: sobre Judeus de Portugal.................... 105

Carta II - Papel, que de Roma mandou o Padre Antonio Vieira, para se oferecer a Príncipe D. Pedro, regente do Reino; sobre a lei de extermínio dos cristãos-novos pelo roubo do Santíssimo Sacramento da igreja Paroquial de Odivelas, mandou promulgar com as circunstancias que o mesmo papel consta, que se... em nomes supostos. (1671)............. 135

Bibliografia.................................... 157

A Luta Inglória do Padre Antônio Vieira
e Outros Estudos

Prefácio

Atos de protesto contra o racismo ocupam as notícias divulgadas pela mídia mundial. Entre eles, um fato atraiu minha atenção, negativamente. A estátua do Padre Antonio Vieira, localizada no centro de Lisboa, foi vandalizada, utilizada como símbolo do apoio português à escravidão. Artistas e partidos de diversas orientações condenaram o ataque, "logo Vieira, filho de um nobre português com uma escrava", bradou o ator Lima Duarte, registrando seu protesto em uma entrevista divulgada na internet e nos lembrando que Vieira, por ser filho de um nobre português com uma escrava, tinha uma mácula no sangue que envergonhava a família paterna e, por essa razão, seu pai veio morar na Bahia[1].

Mas a história de Vieira não foi bem assim. Segundo a Inquisição, seu pai Cristóvão Vieira Ravasco não era nobre, apenas convivia entre a nobreza. Nascido em Santarém, cresceu na propriedade do Conde de Unhão, em Beja, onde o pai, Balthazar Vieira (avô do padre), servia como criado, junto com sua esposa, uma ex- escrava.

A mãe de Vieira, Maria de Asevedo, era padeira do convento franciscano de Lisboa e filha do nobre Brás Francisco de Asevedo.

---

[1] O Brado de Lima Duarte em memória do padre Antonio Vieira. <https://www.youtube.com/watch?time_continue=20&v=7nMDFNCf-dc&feature=emb_title>. Acesso em 16 de junho de 2020

Sobre sua avó materna, Vieira não tinha muita informação — não chegou a conhecê-la, pois faleceu muito jovem.

A Inquisição também não conseguiu maiores informações sobre essa parte de sua família[2]. Porém, deixou registrado que suspeitava que havia origem de sangue infecto, "senão pelas ideias defendidas por Vieira, mas também pelo lado materno", pois uma padeira que sabia ler e escrever não era comum entre cristãos-velhos[3].

O Padre Vieira nasceu em 1608, em Lisboa, na rua dos Cônegos, freguesia da Sé, e foi batizado por Fernão Teles de Menezes, Conde de Unhão, na igreja da Sé de Lisboa. Tinha um irmão, Bernardo Vieira Ravasco (que depois se tornaria alcaide-mor de Cabo Frio e secretário de Estado do Brasil) e duas irmãs que moravam na Beira[4].

Quando tinha sete anos, seu pai foi nomeado escrivão em Salvador, para onde a família toda foi transferida. Logo após sua chegada nos trópicos, Vieira ingressou no Colégio dos Jesuítas, se destacando por sua habilidade para as letras. Lima Duarte lembrou que Fernando Pessoa chamou Vieira de "Imperador da Língua Portuguesa".

Lima Duarte foi convidado pelo diretor de cinema Manuel de Oliveira para participar de um filme sobre a vida do padre Vieira, onde o representou no fim da vida. O filme, com o título *Palavra e Utopia*, participou do Festival de cinema de Veneza e Lima Duarte foi indicado como melhor ator. O ator se apaixonou pela personalidade de Vieira e conta que, certa vez, os alunos do ilustre padre indagaram, *"o que poderiam fazer para ajudar os gentios, que no caso do Brasil, eram ingleses, franceses, espanhóis, portugueses — uma verdadeira babel".* Vieira respondeu: *"Aprende a língua deles. Você não consegue influenciar ninguém, muito menos um*

---

[2] Azevedo, João Lúcio. História de Antonio Vieira. Livraria Clássica Editora, Lisboa, 1920 p. 392; Vainfas, Ronaldo. *Antonio Vieira, o jesuíta do Rei*. Companhia das Letras: São Paulo, 2011 p. 18-21
[3] ANTT- IL. Processo 1664. Padre Antonio Vieira. Genealogia. Fol. 247-251
Baião, Antonio. "O sangue infecto do Padre Vieira"; Azevedo, João Lucio. História de Antonio Vieira.
[4] ANTT- IL. Processo 1664. Padre Antonio Vieira. Genealogia. Fol. 247-251

povo, se não dominar seu universo cultural". Essa foi a grande lição de um jovem mestre, que tinha somente 18 anos quando se tornou professor no colégio jesuíta.

Lima Duarte destacou ainda, em sua entrevista, que o único Sermão que Vieira pronunciou na Universidade de Coimbra, onde também estava localizado o Tribunal da Inquisição da cidade, foi O *"Sermão de Santa Anita, O Douto Saber"*, onde Santa Anita desafia e derrota todos os sábios do Oriente mas acaba pagando com a vida, por sua impertinência. Resta a pergunta: para que serviu todo saber de Santa Anita?"

Nesse mesmo depoimento o ator lembra de outro Sermão, no ano de 1634, proferido na Sé da Bahia logo após ser ordenado clérigo — *"Sermão a São Sebastião"*, em que ele louva ao Cristo crucificado e, diante dessa imagem, é levado a se humilhar. Quando notou que Deus tinha comprado a humanidade com todo o sangue derramado por Cristo, pensou que o homem valia muito. Mas, quando percebeu que as pessoas se vendiam pelos nadas do mundo, aí se lembrou que a humanidade valia nada". Lima Duarte termina sua entrevista demonstrando toda a sua indignação ao ver sujarem de tinta vermelha a estátua de Vieira, e lembrando de um verso de Camões: "*Que dias há que na alma me tem posto. Um não sei quê, que nasce não sei onde, Vem não sei como, e dói não sei por quê*"[5].

---

[5] O Brado de Lima Duarte em memória do padre Antonio Vieira. <https://www.youtube.com/watch?time_continue=20&v=7nMDFNCf-dc&feature=emb_title>. Acesso em 16 de junho de 2020.

INTRODUÇÃO

A maior defesa que os judeus portugueses conversos tiveram, em toda a sua história, veio de um padre jesuíta que lutou, no século XVII, contra a destruição física e cultural que o Santo Ofício vinha promovendo contra os cristãos-novos.

Os jesuítas representavam um papel extremamente importante no século XVII mas, do ponto de vista de ideias, não eram um grupo homogêneo, uniforme. Esse comportamento foi expresso nas atitudes do jesuíta Antonio Vieira, que durante toda a sua vida esteve politicamente dividido — em Portugal, a Companhia de Jesus lutava contra a Inquisição, apoiando a casa de Bragança contra os Habsburgo. No Brasil, entretanto, os membros da Companhia eram leais agentes dos inquisidores. Ao longo de sua trajetória, os judeus foram sempre sua preocupação central.

Mesmo quando atuou como diplomata e político, sua correspondência nos conta sobre suas preocupações com os judaizantes. Talvez tenha sido influenciado pela íntima convivência com os judeus durante os anos que passou na Bahia e com a comunidade judaica em Amsterdam e Rouen, durante os tempos de seu serviço diplomático. Em Portugal, Vieira cercou-se de mercadores cristãos-novos e, em 1649 fundou, com os homens de negócios, a Companhia Brasileira de Comércio, que foi em grande parte responsável pela reconquista da região nordeste do Brasil, até então sob domínio holandês.

A leitura que fiz sobre o Padre Vieira levou-me a resultados audaciosos, pois confirmam o quanto sua obra era aberta, rica e paradoxal e quão enigmática e ambígua foi toda sua mentalidade. O que me atraiu neste personagem foi tanto ouvi-lo (pois circulava sempre em terreno movediço, dentro da ortodoxia e ao mesmo tempo sentindo-se fora dela), quanto observar sua coragem ao discordar da instituição a que pertencia.

A sua luta a favor dos "injustiçados" foi tão fervorosa, tão acusatória e tão agressiva que seus superiores passaram a desconfiar que tivesse algum antepassado judeu. A suspeita de sua descendência judaica aparece nos motins da Universidade de Coimbra e persiste mesmo no fim de sua vida, na Bahia, já idoso e alquebrado, quando recebeu a notícia de que tinha sido ofensivamente chamado de judeu. No tempo de Vieira, quando o Tribunal da Inquisição estava no auge, mandando queimar homens e mulheres, em julgamento arbitrário, manipulado e muitas vezes forjado, ninguém teve a coragemde ir ao Rei, ao Papa, à nobreza e aos influentes do reino, como assim fez o jesuíta, para denunciar as arbitrariedades cometidas pela "sua Igreja", em Portugal.

Nem da florescente comunidade portuguesa de Amsterdam, nem dos estabelecidos e antigos judeus de Roma, nem do densamente povoado gueto de Veneza, nem dos eruditos escritores portugueses de Florença, nem dos ricos mercadores de Ruão ou Hamburgo, nem mesmo dos prestigiados judeus do Levante, se ouviu uma voz semelhante à do padre Antônio Vieira.

| PARTE 1 |
As ideias de Padre Antonio Vieira

Locais de moradia, pregação e missões diplomáticas do Padre Vieira

1608: Lisboa Nascimento
1614: Salvador
1627: Olinda
164-1646: Lisboa
1646-52: Missões diplomáticas: países Baixos e França
1652: Maranhão
1662: retorno à lisboa
1663-67: Coimbra preso pela Inquisição
1669: Roma
1675: Retorno à Lisboa
1681: Bahia e morre em 1697

Capítulo I

O "Outro" Vieira

Sobre o famoso jesuíta, pretendo apresentar uma nova interpretação, resultado de uma "outra" leitura, que não recai sobre o teólogo nem sobre o sermonista, mas sobre o pensador que se aproxima do judaizante, do herege, do homem que escandalizou a Igreja de Portugal por suas ideias religiosas. Trata-se de um homem cujas ideias eram oriundas da práxis frente a uma situação concreta. Vieira era um ser deslocado dentro de sua própria pátria.

Sobre poucas pessoas no mundo se escreveu tanto como escreveu-se sobre o padre Antônio Vieira. O político, o diplomata, o utópico, o religioso, o visionário, o defensor dos pobres, dos índios, o penitenciado. Quantas janelas mais podemos abrir para encontrar o verdadeiro Padre Vieira? Aquele que sempre se contradiz e sempre procura por novas respostas.

É extremamente difícil caracterizar a personalidade controversa e contraditória do Padre Antonio Vieira, assim como é analisar as numerosas facetas que apresentou em sua vida e sua obra. Apesar dos numerosos trabalhos que foram escritos sobre o jesuíta e sobre seu engajamento com a questão judaica, ainda permanecem numerosas lacunas na historiografia.

Os longos cursos que ministrei sobre Vieira, na Universidade de São Paulo, me levaram a esse "outro" Vieira, bem diferente daquele que conhecemos na histografia clássica, preocupada com Portugal e seu desenvolvimento econômico.

Do convívio com os judeus, Vieira sofreu profunda influência. As Sagradas Escrituras foram suas leituras preferidas, além de obras proibidas pelo Index (muitas das quais encontradas em sua própria biblioteca).

A influência do pensamento judaico aparece na sua Correspondência, nos seus Sermões e escritos. O ensaísta português Antônio Sérgio expressou-se bem quando escreveu que o Deus de Vieira era bem mais o do Velho Testamento do que o Deus da concepção propriamente cristã.

No contexto da história política de Portugal, na época da Restauração, encontramos as razões pelas quais as atitudes de Vieira, inquietavam os ministros do Santo Ofício na corte de D. João IV que perceberam, desde logo, o potencial inimigo que se escondia na personalidade do jesuíta.

A mentalidade de Vieira poderá ser melhor entendida se visualizarmos o cenário social português marcado pelo "oculto", pelo "encoberto", pelo "subterrâneo". A clandestinidade incorporou-se à vida nacional a partir do estabelecimento da Inquisição em 1536, e tudo o que se dizia e pensava de novo, de progressista e de moderno, era sussurrado, clandestinamente.

Em Vieira, a dualidade persistiu em todos seus escritos e essa atitude também foi adotada por todos cristãos-novos, para sobreviverem.

Quando o Padre Vieira chegou em Portugal (1691), encontrou a situação política tensa e a sociedade em conflito. Imediatamente contatou cristãos-novos e posicionou-se, ideologicamente, contra o Santo Ofício, contra os dominicanos e contra os Habsburgo. Sua aliança com os cristãos-novos era conhecida, assim como sua luta junto à Coroa. Durante os anos seguintes, o esforço pela consolidação do trono português estaria ligado aos ricos mercadores portugueses e cristãos-novos em Amsterdã e, financeiramente, D. João IV dependia dos mercadores como seus financistas — entre eles, o cristão-novo Duarte da Silva.

Em diversos trabalhos que escrevi sobre Vieira, mostrei que endosso plenamente a tese de Antônio Saraiva de que o paraíso imaginário de Vieira havia se embebido diretamente nas Escrituras Sagradas e no messianismo judaico.

Para entendermos, no entanto, o contexto em que Vieira viveu, devemos retroceder à Europa Medieval. O idioma ladino estava próximo do português e do espanhol, sendo falado nas comunidades judaicas originadas da Península Ibérica. O termo "ladino" surgiu quando rabinos traduziram as escrituras Sagradas do hebraico para o castelhano popular, falado pelos sefarditas.

A Ibéria medieval atraiu judeus de todo mundo. Enquanto a Europa cristã discriminava o judaísmo, associando-o a cultos demoníacos, na Espanha e em Portugal os judeus desfrutavam de uma *Era de Ouro*, trabalhando e convivendo com muçulmanos e católicos nas Cortes e desfrutando da mais avançada civilização da Europa. Os judeus eram valorizados como funcionários do Estado, embaixadores e conselheiros. Os sefarditas raramente emprestavam dinheiro, mas lideravam grandes casas mercantis, trabalhavam com seda, couro, frutas e especiarias. A literatura, a prosa e a poesia, a matemática e a medicina eram muito cultivadas, sua linguagem era muito elaborada e elegante.

Toda essa produção cultural e os tratados filosóficos escritos por judeus da Era de Ouro influenciaram profundamente o grande sonho de Vieira sobre "a Redenção do Mundo" e sua concepção do Messianismo.

O que diferencia os sonhos de redenção do mundo judaico e cristão é o fato de que o conceito messiânico de redenção cristã passou da arena da História para o nível da psicologia, enquanto que o judaísmo insiste que o Messianismo é uma ocorrência histórica, exterior. Para os judeus, o que será redimido será o social, o cósmico, o nacional.

No final do século XV o sentido do messianismo judaico mudou dramaticamente, por influência da Cabala de Isaac de Luria[6], em virtude da expulsão dos judeus da Espanha.

---

[6] Kaplan, Aryeh, Meditation and Kabbalah. Samuel Weiser Publisher. Maine, 1982.

Surge então uma nova postura messiânica: "o homem é capaz de influenciar o processo divino e tem o poder de abreviar a vinda da redenção". Mas, no messianismo judaico, não existia uma figura pessoal no centro do drama messiânico, enquanto que o messianismo cristão está centrado em torno de uma figura pessoal: Jesus.

Vieira levou às últimas consequências seu projeto messiânico, dando ao seu escrito o título de "Esperança de Portugal", inspirado na obra do rabino Menasseh ben Israel, de Amsterdã, chamada "Esperança de Israel". Vieira tinha uma intenção e uma obsessão: a união das duas religiões, cristã e judaica. Apresenta o **redentor**, "o encoberto", como viam os cristãos-novos portugueses — pois estes, enquanto esperavam o Messias, deviam estar "encobertos". Vieira absorveu essa ideia durante os dez meses que passou na Holanda, convivendo intimamente com judeus e com o próprio rabino Menasseh ben Israel, além do contato que mantinha com seus amigos judeus na França.

Encarava a questão dos judeus e a religião judaica sob um enfoque totalmente diferente da cúpula diretiva da Igreja e da Casa dos Habsburgo. Para Vieira, a Restauração do trono português, assim como a sua concepção do Quinto Império, estariam ligadas aos judeus. Materialmente, a guerra de Portugal contra a Espanha estava sendo sustentada por judeus portugueses, principalmente pelo financista Duarte da Silva e por judeus da Holanda, que enviavam pólvora, armas e munições para as tropas portuguesas contrárias aos Habsburgo[7]. Essas ações eram coordenadas por cristãos-novos radicados em Portugal.

As ideias de Vieira sobre justiça e sobre a corrupção da Igreja chocavam-se com a concepção do mundo lusitano. Na concepção Ibérica, os judeus — depois de convertidos e de fazer parte da sociedade ampla — se tornaram odiados, algo extremamente novo na Península. Não há nenhuma propaganda anti-judaica antes da conversão

---

[7] A Guerra da Restauração portuguesa (1640-1668), colocou fim à União ibérica, governada pelos Habsburgo e restaurou o trono português à casa de Bragança, garantindo a independência de Portugal. Sobre a Restauração, ver: Serrão, Joel. Portugal da Paz da Restauração ao Ouro do Brasil. Nova História de Portugal Volume VII. Editorial Presença, 2001.

dos judeus em Portugal que tenha adquirido tal furor e ódio como aquela que foi divulgada depois que os judeus se tornaram cristãos. Isto torna esse momento surpreendentemente moderno, na medida em que o crescimento do movimento anti-judaico foi concomitante e interligado à sua assimilação ao processo de secularização dos antigos valores específicos do judaísmo ibérico.

Capítulo II
O espírito do século XVII e o Messianismo

A análise da mentalidade, chamada de "vieiriana", só pode ser entendida se focalizarmos nossa ótica sobre o cenário psicológico português, marcado há mais de um século pelo dissimulado e "subterrâneo", que por sua vez criou nos portugueses atitudes ambíguas — a dualidade frente a certos fenômenos da vida. Podemos dizer que a clandestinidade foi o clima dentro do qual Vieira viveu e que se tornaria o comportamento vigente a partir do estabelecimento da Inquisição, em 1536. Em nenhum nível o oculto, o secreto, o encoberto, deixou de se fazer sentir na vida de Vieira.

O Sebastianismo acompanhou esse universo português e a vida cotidiana em Portugal, permeada de segredos, expressos em gestos, olhares e símbolos. Todos estes aspectos, lamentavelmente, não fizeram parte da análise do cotidiano português que acabou incorporando-se ao mundo inquisitorial português e luso-brasileiro durante séculos.

Vieira é um produto do "oculto" e do jogo no qual todos os portugueses se engajaram para poder conviver com a Igreja de Portugal. Não foi simples coincidência terem sido os cristãos-novos os primeiros a endossarem e divulgarem as Trovas de Bandarra, a que me refiro abaixo.

O ceticismo do século XVII acompanhou, em diversos países europeus e inclusive em Portugal, uma tradição que combinou elementos do pensamento racionalista e empírico a especulações teológicas e interpretações milenaristas dos escritores. É nesta tradição que devemos entender o pensamento do Padre Antonio Vieira. De um lado, procurou manter uma mensagem que se atinha à tradição católica e, de outro, desenvolveu várias teses contrárias à doutrina eclesiástica, até chegar a uma solução conciliatória que o colocou como um precursor ao moderno ecumenismo.

Encontramos nos seus discursos sempre dois planos: um visível e outro velado. São duas arenas onde ocorreram duas narrativas paralelas: uma aberta e enganosa, outra subterrânea, cuidadosamente velada nos atos e na linguagem.

A ambiguidade dessa época, esta atmosfera do universo português, acompanha todo o pensamento de Vieira.

As guerras religiosas e todo o clima cético e contestatório do século XVII marcaram o padre que circulou pelas Cortes europeias, em contato com judeus e hereges. Vieira vivenciou a "questão judaica" durante toda a sua vida. Sua amizade com cristãos-novos na Bahia e em Portugal foi decisiva na formação de seus pensamentos, tanto teológicos quanto políticos.

A consciência judaica havia sido profundamente abalada pela catástrofe da expulsão da Espanha em 1492 e os judeus sefarditas a sentiram como um terceiro êxodo, o terceiro desastre de sua história. Nabucodonosor, Tito, e Fernando estavam bem presentes na memória das primeiras gerações após a conversão de 1497. A experiência de um novo exílio avivou nos judeus espanhóis e portugueses as antigas expectativas messiânicas e, com esses sonhos, alimentaram-se durante suas peregrinações pelos quatro cantos do mundo. Foi essa esperança judaica na chegada de um Messias redentor que contagiou o pobre sapateiro de Trancoso, levando-o às suas fantasiosas profecias sobre o "Encoberto", às quais voltaremos em seguida.

O século XVI pode ser considerado o século dos falsos Messias. Em Portugal, temos os famosos David Reubeni e Diogo Pires — também conhecido como Salomão Molcho. David Reubeni se considerava o Salvador, enviado por Deus, e foi reverenciado como o Messias há tanto tempo esperado[8].

David Reubeni chegou a Portugal em 1526 e se apresentou ao rei como descendente da tribo perdida de Ruben, para anunciar a próxima redenção dos judeus. Os apreensivos cristãos-novos o seguiram, vendo nele a concretização das suas esperanças. Foi recebido pelo Rei D. João III, pelo Papa e pelo imperador Carlos V, mas de nada lhe valeram todas as honras, pois a Inquisição acabou por prendê-lo. Seu discípulo favorito, o cristão-novo Diogo Pires, escrivão da Casa da Suplicação, endossou com paixão o judaísmo, mudou o nome para Salomão Molcho e acabou na fogueira. Também morreram queimados, entre outros, o sapateiro Luís Dias e o juiz de fora e desembargador Gil Vaz Bugalho[9].

No século XVII, aparece na Holanda o falso Messias Sabatai Zevi que veio também como um mensageiro de Deus, com poderes divinos e com a missão de ajudar nas etapas do "processo divino", já que os homens não as podiam suportar sozinhos, mas apenas ajudados pelos mandamentos éticos e religiosos. É uma outra forma de Messias, que está "aqui" e "agora" e é uma parte do processo histórico da Redenção[10].

Portugal passava por um período de crise econômica que Vitorino Magalhães Godinho chamou de "viragem de estrutura" (1545-1552)[11]. O desequilíbrio do Império Português era, então, patente. A aristocracia assumiu o poder e o povo foi cada vez mais atirado à miséria e ao fanatismo.

D. João III negociou com o Papa o estabelecimento de um Tribunal da Inquisição nos moldes espanhóis. O povo, cristãos-novos e cristãos-velhos, tinha plena consciência do que se passava no país

---

[8] Sobre os falsos messias ver: Azevedo, João Lúcio de; *História dos Cristãos-Novos Portugueses*, segunda edição, Clássica, Lisboa, 1975 e *A Evolução do Sebastianismo*, Clássica, Lisboa, 1947.
[9] Azevedo, 1947, p. 23: 1975, p. 92, 447.
[10] Sholem, Gershom; *A Mística Judaica*. Ed. Perspectiva, São Paulo, 1972, *O Messias Místico*, Ed. Perspectiva, São Paulo, 1995-6, 2 volumes.
[11] Godinho apud Serrão, 1968.

vizinho. Tenebrosas notícias chegavam, continuamente, sobre homens e mulheres acusados de judaísmo, queimados após ouvirem suas sentenças nos festivos autos-de-fé. Portugueses protestaram contra o projeto do Rei e membros da Igreja se pronunciaram contra essa medida injusta de controle, a que seria submetido o país.

As mais humanas palavras foram expressas pelos bispos D. Fernando Coutinho, de Silves, e Diogo Pinheiro, do Funchal. Mas não foram ouvidos[12]. O Tribunal foi, após longas negociações, finalmente introduzido em solo lusitano e, em 1540, realizou-se o primeiro auto-de-fé público em Lisboa. Inaugurou-se uma nova era para Portugal.

A desconfiança propagou-se por todo o país, ninguém sabia quem era amigo, quem era delator, ou quem seria denunciado no dia seguinte. O clima social, misto de insegurança e esperança, tornou os homens receptivos para uma mensagem de salvação, e os cristãos-novos a encontram nos versos do sapateiro de Trancoso, Gonçalo Bandarra. Os cristãos-novos foram os primeiros a tomar conhecimento das *Trovas*, e o tosador Heitor Lopes as copiou e distribuiu. Uma cópia caiu nas mãos do desembargador da Mesa de Consciência e Ordem, Afonso de Medina, que as entregou ao Santo Ofício. Bandarra foi preso e acusado de ser "muito inclinado aos cristãos-novos"[13].

Gonçalo Anes Bandarra vivia nas Beiras, na vila de Trancoso - região que concentrava então importante núcleo de "judeus encobertos" - e na sua sapataria reuniam-se todos os dias o populacho, cristãos-novos e velhos, para comentar as Escrituras, discutir seus textos, falar dos "maus tempos" e sonhar com o Messias, que viria estabelecer na terra, para sempre, o império do direito e da justiça. Não podemos nos referir a esse primeiro momento sem lembrar que afloraram, então, muitos surtos messiânicos em Portugal, na Espanha e em diversos outros países[14].

---

[12] Kayserling, 1971, p. 158-159.
[13] Azevedo, 1947, p. 127.
[14] Um "Encoberto" apareceu na Espanha em 1532, na pessoa de um judeu misterioso que capitaneava os sublevados de Valência. Morreu no patíbulo (Azevedo, 1947, p. 19-20).

Em 1580 morreu D. Sebastião e Portugal foi anexado à Espanha. A aristocracia conheceu sua grande vitória. As condições econômicas do país continuavam desastrosas e a nobreza usufruía de todos os privilégios. Durante o domínio dos Habsburgo a Inquisição intensificou a perseguição aos portugueses "encobertos", estendendo sua ação para Cabo Verde e Brasil. A estrutura social polarizada era rígida, situando-se de um lado a nobreza, constituída de famílias poderosas que ocupavam aproximadamente 90% das terras, e de outro a massa miserável, cada vez mais numerosa, que vivia como verdadeiros "insetos humanos", na expressão de Joel Serrão. As necessidades condicionavam à vagabundagem, à mendicância e aumentavam no povo os anseios de redenção. Nesse clima de tensões é que deve ser introduzido e entendido o fenômeno sebastianista. Entram em cena ideólogos e sonhadores, como D. João de Castro, que divulga as *Trovas* alimentando as suas fantasias de grandeza e exaltação nacional. A nação já tinha se transformado, havia um século, numa "ilha de purificação", e a ortodoxia estreita conseguiu fanatizar o espírito da nação. Não havia mais em Portugal nenhuma criação científica e o único ensino dominante era o religioso. O povo se alimentava de passadas glórias, valorizava o sobrenatural, as superstições, crenças milagrosas, e a mente popular recebia, ansiosa, a revivescência do bandarrismo.

Nesse universo repressivo, sombrio, envolto em mitos, fantasias e superstições, criou-se Bandarra. Suas promessas de redenção correram de mão em mão, e tanto cristãos-novos como cristãos-velhos se embeberam das suas *Trovas*.

O sentimento de perda da autonomia nacional, a perseguição sanguinária crescente da Inquisição e a miséria foram, a meu ver, fatores decisivos para a transformação de D. Sebastião no "salvador encoberto", transformação mais importante do que ele mesmo o foi. Visões e mensagens ocultas traziam as novas: o rei não morreu e voltaria para libertar Portugal e restaurar sua antiga grandeza! A ideia de que riquezas iriam jorrar por todos os lados, inaugurando uma era de fartura e beatitude para Portugal, povoava a mente dos cristãos-velhos e dos cristãos-novos.

À medida que os autos-de-fé se propagavam, a fé messiânica judaica penetrava mais fundo na alma dos perseguidos, que a difundiam nas esquinas, nas boticas, aos sussurros. Mesclavam-se os sonhos dos portugueses cristãos-novos e cristãos-velhos, ambos numa aspiração salvacionista. O Sebastianismo se espalha e alimenta a nação. As massas famintas o endossam apaixonadamente, o distorcem, o deformam e o adaptam às suas aspirações.

A euforia que se apoderou dos cristãos-novos, com a mensagem da chegada do Messias, contagiou a população cristã. Em uma época de conturbação revolucionária para os portugueses, o sentimento de perda da autonomia nacional, a perseguição inquisitorial, a miséria e a fome foram decisivos para transformar D. Sebastião no salvador "encoberto".

Mas, as trovas do sapateiro de Trancoso que inspiraram o Sebastianismo não eram herdeiras dos mitos celtas, como escreveu João Lúcio de Azevedo, mas sim fruto de contágio direto do Messianismo judaico[15]. Sobre essa questão, quando perguntaram a um embaixador o que ele tinha achado do povo português, este respondeu: "o que eu posso achar de um povo em que metade espera o Messias e a outra metade D. Sebastião?"

As trovas de Bandarra falavam ao coração dos cristãos-novos como dos cristãos-velhos. E enquanto a nação mergulhava na decadência material e espiritual, sem nenhuma produção científica e com o ensino dominado pelos frades, os portugueses se entregavam a um sonho, a uma fantasia e a um mito.

Em 1640 a nação estava envolvida numa luta de libertação nacional. Abre-se, então, uma nova cena e aparecem dois personagens, que tiveram decisiva importância nos rumos políticos do país: um jesuíta, o padre Antônio Vieira, e um judeu "oculto", o financista da Coroa, Duarte da Silva.

---

[15] Azevedo, João Lúcio de; *A Evolução do Sebastianismo*. Op cit.; Sérgio, Antonio; "Uma Interpretação não romântica do Sebastianismo". *in* Obras Completas- Ensaios, Tomo I. Ed. Clássicas Sá da Costa, 2º ed. Lisboa. p. 239-271.

Como nos dois momentos anteriores, culturalmente o país naufragava. O Santo Ofício português apoiava a Casa da Áustria e empenhava-se furiosamente em desprestigiar e derrubar econômica e ideologicamente D. João IV, prendendo os homens que podiam defender e sustentar a nova monarquia de Bragança. O "cinturão de castidade" continuava resguardando os portugueses do contágio com o exterior, enquanto o Tribunal e seus funcionários mergulhavam fundo na corrupção.

Nesse momento chegou do Brasil o padre Antônio Vieira. Tanto a animosidade entre inquisidores dominicanos e a nova monarquia quanto a corrupção dos funcionários do Tribunal podem ser facilmente reconhecidas pela análise dos bastidores do Santo Ofício que aparece numa documentação recentemente estudada: a correspondência secreta entre cristãos-novos presos[16]. As manobras da cúpula inquisitorial são, então, desmascaradas em toda a sua nudez. A religião é utilizada como arma política contra o novo Rei, e os homens de confiança de D. João IV são presos.

O palco social situa-se então, como nos dois primeiros momentos anteriores, em dois planos: o visível e o invisível, o aparente e o velado. Os portugueses foram marcados indelevelmente, durante 150 anos, pela coexistência de duas posturas: uma pública, em sociedade, e uma velada, na intimidade — e também com duas linguagens: uma hermética, de adulação aberta e outra, crítica, de reprovação interior.

Uma obra publicada na França oferece-nos um quadro bastante sugestivo e sutil desse "mundo dividido", conhecido como Marranismo, e mostrando-nos como as condições de vida, ambíguas e encobertas, desaguaram numa extraordinária criatividade: no "misticismo" de Teresa de Jesus (o avô fora queimado pela Inquisição), no *Que sei eu?* de Montaigne (a mãe era conversa) e no "Deus imanente" de Espinosa (a família cristã-nova reconvertida ao judaísmo[17]).

---

[16] Carollo, 1995, Ribeiro, Eneida, 2007.
[17] Morin, 1994.

O fenômeno sebastianista durante o período em que Portugal procurava consolidar sua independência nacional e resgatar seu prestígio junto às nações europeias coincide novamente com uma onda de propagação de mensagens messiânicas e militaristas. Messias, pseudo-messias e falsos messias prometem tempos gloriosos de paz na face da terra. É nesse contexto que situamos também o messianismo do padre Antônio Vieira, diretamente embebido nas Sagradas Escrituras e no messianismo judaico, e o seu papel no movimento sebastianista português.

O historiador português Antônio Sérgio comentou a influência judaica sobre o sebastianismo, que no século XVII foi um movimento nacional português[18].

Antes de nos determos no conceito messiânico do famoso jesuíta, para compreender como suas ideias foram aproveitadas e usadas pelos sebastianistas, passemos brevemente pelo messianismo judaico que tanto o influenciou e sem o qual seu "paraíso imaginário" não será compreendido.

O messianismo é um aspecto básico na concepção judaica da história. Para Gershom Scholem, famoso estudioso do misticismo judaico, compreender a dialética do desenvolvimento do misticismo judaico significa compreender a visão judaica de sua própria história social e mesmo cósmica[19].

Foi no final do século XV que se iniciou a dramática mudança na atitude judaica em relação ao messianismo, culminando no século XVI com a *cabala* de Isaac de Luria e no movimento sabático do século XVII. Essa evolução ideológica produzida no seio do judaísmo foi consequência direta da expulsão dos judeus da Espanha. O exílio, após a destruição do maior e mais influente centro judaico da Europa medieval, havia adquirido para os judeus um novo sentido. Como consequência desse desastre, as ideias cabalistas muniram-se de novas

---

[18] Sérgio, Antônio, "Interpretação Não Romântica do Sebastianismo", in Obras Completas Ensaios, tomo I, Ed. Clássicos Sá da Costa, 2a edição, Lisboa, p. 239-271.
[19] Dan, 1992ab.

forças e de um novo significado, que pode ser resumido no seguinte: "o homem é capaz de influenciar o processo divino", isto é, o homem tem o poder de abreviar a vinda da redenção. Essa revolução constituiu a essência da cabala luriana. Essa nova atitude contém elementos comuns à espiritualidade do messianismo do início da cristandade, mas também apresenta em relação a ela uma diferença fundamental, pois enquanto no cristianismo o processo de redenção e seus efeitos se processam no interior da alma do indivíduo, na cabala luriana o resultado desse processo molda a sorte dos próprios poderes divinos, do cosmos como um todo e do processo histórico exterior. O que faltou no messianismo judaico, desde os tempos talmúdicos até o século XVIII, foi a figura de um Messias "pessoal", de um "indivíduo" que "trouxesse" a redenção[20].

A razão dessa ausência se explica, segundo Gershom Scholem, pelo fato de o messianismo judaico não ter uma figura pessoal no centro do drama messiânico, enquanto o messianismo cristão está centrado em torno de uma figura pessoal: a de Jesus.

O que é interessante são as drásticas mudanças que se deram no messianismo judaico com o movimento de Shabatai Tzvi, pois a teologia de Nathan de Gaza, que inspirou o falso Messias, colocou no coração do processo messiânico a figura de um indivíduo, o próprio Shabatai, que aparece então como um mensageiro divino, com poder divino e com a missão de carregar as etapas do processo messiânico — já que o homem não as pode suportar sozinho, apenas ajudado pelos mandamentos éticos e religiosos. Vemos, então, surgir no judaísmo uma nova forma de Messias: um Messias que está "aqui" e "agora" e que já é uma parte do processo histórico[21].

Retornando ao messianismo do padre Antônio Vieira: quando este pregava seus sermões sobre o "Encoberto", oferecia aos marranos ou cristãos-novos que o escutavam um "sentido" para a sua vida e uma esperança para o seu futuro. Com suas palavras — "a morte de quem

---

[20] Dan, 1992, p. 125.
[21] Scholem, 1972, 1995-1996.

morre por Deus e para Deus não é o que parece, é uma aparência de morte debaixo da realidade da vida" — que maior consolo podia transmitir aos desamparados marranos da Bahia que tinham suas mulheres e filhas a arder em Portugal? E quando o falso Messias de Smirna, Shabatai Tzvi, se converteu ao islamismo e passou a praticar o judaísmo em segredo, quando deu à seita sabateana os seus pressupostos teóricos (segundo os quais através do pecado e da apostasia os judeus se salvariam) os marranos, que sentiam estar vivendo no pecado, encontraram resposta e conforto para as suas angústias.

O Brasil havia nascido sob a égide do medo e da discriminação, e desenvolveu-se quando os portugueses começaram a fugir do clima repressivo e fanático que envolveu Portugal. Durante séculos, as expressões "homens de negócios", cristãos-novos e "gente da Nação", eram usadas como sinônimos. Diversas obras foram publicadas nos últimos anos, procurando precisar o real papel que os sefarditas dispersos pelo mundo representavam para a evolução da economia ocidental no Atlântico.

Na literatura do século XVII e XVIII os contemporâneos já deixaram registrada a sua importância. Fernand Braudel, chamou a atenção sobre o significado dos negociantes judeus, mostrando que, com o avanço das investigações, já é possível falar do "século dos grandes mercadores judeus". Os processos da Inquisição confirmam a participação dos cristãos-novos na economia Atlântica.

O comércio com a América favoreceu a criação de empresas individuais e os cristãos-novos, excluídos dos cargos de honra, se dedicavam principalmente às atividades mercantis. Sua dispersão por diversas regiões do mundo, seus vínculos e sua confiança familiar os colocavam em posição privilegiada para impulsionar as atividades econômico-financeiras.

Como exemplo dessa rede comercial em nível mundial, temos a família Rodrigues de Évora — descendentes de Abraham Senior, financista do rei Fernando, o Católico da Espanha, que foi batizado em 1492. Quatro irmãos se dispersaram, estabelecendo-se em Évora, Lisboa, Amberse Brasil, controlando os arrendamentos dos produtos coloniais e as cargas de diamantes. Outro exemplo é o da família Milão, que através de seus membros estabeleceram-se em Lisboa, Pernambuco e Amsterdam e assim negociavam o açúcar brasileiro.

Os cristãos-novos no século XVII gozavam da fama de magnatas. Duarte Gomes Sales, economista português, escreveu diversos tratados e referiu-se aos cristãos-novos como concentrados em intensa atividade em torno da exploração das minas de ouro e diamante.

A cana de açúcar, que suplantou os negócios e lucros das especiarias, foi introduzida na América pelos sefarditas portugueses e seu desenvolvimento e sucesso se deve, em grande parte, aos colonos cristãos-novos. Em alguns períodos, os cristãos-novos foram senhores do maior número de engenhos de açúcar. Na Bahia, por exemplo, no século XVII, diversas fábricas de açúcar pertenciam aos cristãos-novos.

Padre Antonio Vieira foi criado nesse ambiente, na Bahia. Presenciou a chegada, em Salvador (1618), do segundo visitador do Santo Ofício, o bispo Marcos Teixeira — e foi testemunha da invasão holandesa de 1624. Enquanto esteve na Bahia, Vieira conviveu com os mais ricos homens de negócios cristãos-novos da colônia, datando daí a sua amizade com o abastado mercador e financista do Rei D. João IV, Duarte da Silva, cristão-novo, que desempenhou, do ponto de vista financeiro, importante papel durante a luta com a Espanha pela restauração da casa de Bragança.

Quando o Padre Antonio Vieira chegou a Portugal, no ano de 1640, já encontrou clima tenso, miséria total e escassez de negócios devido à fuga dos grandes mercadores cristãos-novos para outras regiões, tirando do Reino todo o seu capital.

A sociedade, insegura, sentia o solo trepidar. O medo afligia a todos, que procuravam esconder os sentimentos e a insegurança. O povo passou a contornar os fatos e entrou em uma clandestinidade que se incorporou ao cotidiano, formando uma segunda vida. Falava-se com cuidado e baixo, velava-se cada palavra. A Inquisição, que iniciou seus trabalhos em 1536, já estava muito ativa quando Vieira chegou, e atemorizava a massa popular, interferindo na vida nacional.

O maior temor vinha com as denúncias anônimas. Como os agentes inquisitoriais estavam sempre vigilantes, a censura falada e escrita tinha sempre um sentido dúbio. Assustados e atemorizados com o perigo que rondava, os portugueses criaram um talento para a simulação. Lendo alguns textos do Padre Vieira, podemos decifrar essa linguagem clandestina e dissimulada.

Como entender as contradições e os subterfúgios que Vieira usou para reconciliar o cristianismo com o judaísmo?

Segundo seu raciocínio, como o Messias esperado pelos judeus ainda não havia chegado e a profecia não havia sido cumprida, a violência, a guerra e a corrupção eram piores em seu tempo que no passado, e a promessa profética de paz sobre a terra não havia se realizado. Acreditava que quando os tempos messiânicos chegassem, todos seriam cristãos, mas que os rituais judaicos que em seu tempo eram a razão da perseguição e das prisões de milhares de portugueses sefarditas, seriam seguidos por todos. A questão do Messias esperado e já vindo, que era então a principal barreira em que divergem cristãos e judeus e cristãos-novos e cristãos-velhos, deixaria de existir.

Em 1641, o padre Vieira tornou-se diplomata e conselheiro do novo Rei de Portugal. Seu convívio com os judeus portugueses, em diversas capitais europeias, fê-lo entender a importância, para seu país, de uma aliança com os ricos mercadores e financistas cristãos-novos. Redigiu, no ano de 1643, uma "Proposta a D. João IV", na qual expôs as medidas necessárias para tirar Portugal da crise econômica em que se encontrava e garantir a sua conservação. Propõe ao Rei convidar os judeus, os homens de negócios, fugitivos da Inquisição que se encontravam espalhados pelo mundo, para voltar ao país, isentá-los do pagamento do fisco e eliminar a distinção entre cristãos-novos e cristãos-velhos, admitindo os casamentos mistos e solicitando ao Papa um "perdão geral" aos "judaizantes"[22].

---

[22] "Proposta que se fez ao Seréníssimo Rei D. João IV a favor da gente da nação, sobre a mudança nos estilos do Santo Ofício e do Fisco, em 1645", in Vieira, A. Obras, op. cit., pp. 27-71; "Memorial a favor da gente da nação hebreia", op. cit., pp. 115-135; "Desengano católico sobra a causa da gente da nação hebreia", op. cit., p. 109-114.

Durante os anos em que representou Portugal perante as cortes europeias, o padre Vieira teve a ocasião de encontrar, na Holanda e na França, portugueses judeus que se haviam expatriado, com os quais não só discutia assuntos políticos de comum interesse, como questões filosóficas e de religião. Sua "Proposta" sobre a abolição do confisco dos mercadores cristãos-novos que fossem presos pela Inquisição, e que culminou com a publicação de um Alvará no ano de 1649, é bastante conhecida. O que tem sido menos tratado é sua íntima ligação com os judeus, de fora e de dentro do país, o que foi uma constante durante toda sua vida.

Nem o raciocínio cartesiano nem o empirismo britânico contagiaram o universo português. Apenas algumas raras exceções, como Francisco Sanches, considerado um precursor de Descartes, e o experiencialismo, como diria meu saudoso colega Joaquim Barradas de Carvalho, iluminaram o sombrio cenário intelectual do Reino[23].

O ceticismo, entretanto, seguiu em Portugal como em diversos países europeus — uma outra tradição, que combinou elementos do pensamento racionalista e empírico com especulações teológicas e interpretações milenaristas das Escrituras. Nessa tradição, está inserido o pensamento do Padre Antonio Vieira.

---

[23] Carvalho, Joaquim Barrada. *À la recherche de la spécificité de la Renaissance portugaise – L' Esmeraldo de situ orbis de Duarte Pacheco Pereira et la litérature portugaise de voyages à l' époque des grandes découvertes – Contribution à l' étude des origines de la pensée moderne*. Paris: Fondation Calouste Gulbenkian. Centre culturel portugais, 1983.

HISTORIA DO FUTURO.

LIVRO ANTEPRIMEYRO

PROLOGOMENO A TODA A HISTOria do Futuro, em que se declara o fim, & se provaõ os fundamentos della.

Materia, Verdade, & Utilidades da Historia do Futuro.

ESCRITO PELO PADRE

ANTONIO VIEYRA

da Companhia de JESUS, Pregador de S. Magestade.

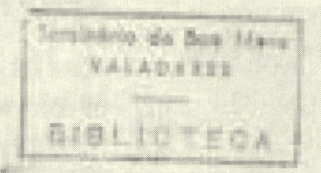

LISBOA OCCIDENTAL,
Na Officina de ANTONIO PEDROZO GALRAM.
Com todas as licenças necessarias, Anno de 1718.

1718- Livro onde Vieira expões suas ideias sobre o Sebastianismo e o mito milenarista do Quinto Império, quando caberia ao Império português a liderança do mundo civilizado.

Em outra Obra, Esperanças de Portugal, o Quinto Império do Mundo, Antonio José Saraiva lembra-nos que não foi mera coincidência Vieira ter intitulado esse livro como "A Esperança de Portugal", mas uma visível e consciente cópia da "A Esperança de Israel", de Menassé Ben Israel. Vieira também tinha uma intenção "encoberta" de unir as duas religiões, a judaica e a cristã e curiosamente, afirmava que os judeus, enquanto esperavam o Messias que viria salvá-los da Inquisição, deviam permanecer "encobertos"

Capítulo III

Vieira e o Sionismo

Não conhecemos ninguém no mundo que oficialmente tenha se levantado contra as injúrias e difamações que foram acumuladas pelo direito canônico contra os judeus.

As posições honrosas e cargos prestigiosos estavam recusados a qualquer descendente de converso, não importando quantas gerações tivessem se passado. Lutero, que no início da sua carreira mantinha posições favoráveis ao Velho Testamento, tornou-se um ferrenho defensor da exclusão social dos judeus e conversos. A Contrarreforma e as resoluções Tridentinas reforçaram o antissemitismo em todos os níveis.

O ódio que se desenvolveu contra os cristãos-novos na Península Ibérica foi um fenômeno que surpreendeu aos conversos, pois durante a Idade Média as conversões, em geral, levavam à integração. Com a igualdade, nasceu uma feroz perseguição, uma vez que terminaram as restrições econômicas impostas aos antigos judeus. Foi com uma espantosa criatividade que o racismo tomou proporções inéditas. A introdução dos "Estatutos de Pureza de Sangue" transformou-se em uma instituição que perduraria por trezentos anos, atirando os judeus para as franjas da sociedade.

A intenção era eliminar as possibilidades de competição nos ofícios, negócios ou cargos honrosos que dariam possibilidade de ascensão social. Era não permitir que a burguesia cristã-nova se desenvolvesse e reivindicasse novos direitos.

Todos os anos, na Península Ibérica, desde o século XVI, queimavam-se judaizantes, culpados ou não, nos domingos festivos. Durante três séculos, essas festas — os autos de fé — foram sistematicamente realizados. Não houve no mundo um protesto, ninguém se compadeceu. Os renomados renascentistas silenciaram. Montesquieu, indignado, relatou o caso de uma menina de treze anos condenada à morte na fogueira, mas não interviu.

No século XVII, os descendentes dos portugueses judeus que se converteram foram pouco a pouco se desiludindo com a Igreja, tornaram-se agnósticos, céticos ou milenaristas. Foram anos em que o Messianismo se acentuou e muitos "falsos Messias" apareceram em Portugal, na Holanda e em diversos lugares, como já citamos.

Os judeus em Amsterdam, Hamburgo e Itália já estavam organizados em comunidade. Amsterdam contava com duas sinagogas. Poetas e escritores dessas comunidades choravam, em versos, a sorte de seus correligionários — mas os conversos continuaram a ser queimados e nenhuma iniciativa concreta foi tomada. A única voz que se ouviu no cenário do mundo foi a do jesuíta Antônio Vieira, que pode ser considerado um dos primeiros sionistas políticos poratribuir os infortúnios dos judeus à falta de um território Nacional. Só haveria uma solução para os problemas dos judeus: a volta para a sua própria terra.

Vieira tinha uma noção de pátria diferente. Os conceitos de pátria-povo-Nação poderiam coexistir com as diferenças, a negação e o heterogêneo. Considerava legítimo o retorno dos judeus à Palestina, não por ser uma promessa de Deus, mas por justiça social. *"Quando o fim dos dias chegarem,"*... afirmou,

> ...todos os judeus voltarão à sua terra prometida, pois viviam subordinados a estranhos e todos os homens devem viver livres, e não em cativeiro.

"Os judeus têm o direito de aguardar o momento em que voltarão para a sua terra de origem. E então, chegará o tempo messiânico e haverá paz na terra"[24]. Mas, também afirma em outra passagem:

> quando o fim do mundo chegar, os rituais judaicos serão 'aceitos' e "permitidos". Quando houver um só rebanho e um só pastor, os judeus que se converteram poderão seguir seus usos e costumes. A circuncisão também será permitida e, quando os judeus forem cristãos, os judeus retornarão à terra prometida.

Além do sonho de viver seguindo o Cristo e de viver o judaísmo, também sonhava que a terra da Palestina deveria ser a terra dos judeus e, mesmo que houvesse problemas e tensões, tudo seria resolvido quando os judeus retornassem. Para Vieira, Deus colocou o retorno dos judeus como prioridade entre os conflitos sociais de seu tempo, pois só o retorno devolveria aos judeus o seu antigo orgulho e sua identidade.

Iniciou uma luta em dois planos: político e teológico. Propôs soluções concretas para tirar Portugal da crise econômica e justificou suas propostas, apoiando-se nas Escrituras Sagradas. Uma de suas ideias era a reconciliação da Igreja com os judeus. Em uma época na qual Portugal navegava no obscurantismo e no fanatismo, Vieira encontrou uma solução: o Quinto Império só se realizaria após o regresso das Dez Tribos Perdidas à Terra Prometida, e da filiação do povo judeu ao povo português.

Após a conversão forçada dos judeus em Portugal, nos tempos de D. Manoel, os judeus passaram a se misturar cada vez mais aos portugueses, e aos descendentes gerados dessas uniões estaria destinada a Terra Santa. Ainda segundo sua tese, não seria mais possível distinguir entre portugueses e judeus, porque foi Deus que os misturou para que ambas religiões também se mesclassem em um Império

---

[24] Editorialmente respeitamos o estilo de escrita da autora que recorrentemente usa o itálico e, em algumas situações, o negrito a fim de destacar e enfatizar falas ou argumentos. (N. E.)

universal. Dessa forma, a profecia bíblica se aplicaria a Israel e a Portugal. O reino português apareceria, profeticamente, não como rival ou sucessor dos judeus, nem como seu inimigo, mas como seu prolongamento. A missão portuguesa seria a continuidade de Israel.

Percebemos claramente nessas ideias a influência da obra *Piedra Gloriosa* do rabino Menasseh ben Israel. Vieira escreveu na *História do Futuro*, "que o *Reino dos Justos* será nesta Terra". Isto é semelhante à visão que Menasseh ben Israel expressou na *Piedra Gloriosa*. Esta ideia está em conflito com a mensagem da Igreja de que o Quinto Império estava no céu, e que começaria no final dos tempos. A assimilação mais convincente do messianismo judaico pode ser encontrada em sua concepção de que o Messias e o Quinto Império pertenciam a este mundo[25].

No Quinto Império, a redenção de Israel estaria garantida. Saraiva chamou a atenção para o uso que Vieira faz da palavra "redenção", ao invés de "conversão"[26]. Ou seja, os judeus participariam dessa quinta etapa da Igreja. No Quinto Império, no Reino Perfeito, no Reino da Terra, os cristãos e judeus estariam unidos. A postura mais paradoxal é evidenciada pela sua declaração corajosa de que qualquer homem pode ser alvo fora da Igreja. Esta foi a afirmação mais revolucionária feita por qualquer pessoa dentro da Igreja. A concepção judaica endossada por Vieira contrastava fundamentalmente com a doutrina da Igreja, para quem o Reino Messiânico seria o Reino dos Céus[27].

Dessa forma, Padre Antônio Vieira foi a única voz oficial que falou em favor dos judeus no século XVII, juntamente com seu conterrâneo Damião de Góis. No século XVI, o Padre Vieira pode ser considerado um dos pioneiros do Sionismo político, argumentando

---

[25] Saraiva, 1992 p. 105; Novinsky, Anita. Sebastianismo, Vieira e o Messianismo judaico. in Sobre as Naus da Iniciação. Ed. UNESP, 1997 p. 73.
[26] Saraiva, Antonio José. *História e Utopia. Estudos sobre Vieira*. Instituto de Cultura e Língua Portuguesa. Ministério da Cultura. Lisboa, 1992 p. 75-77.
[27] Saraiva, 1992 p. 105; Novinsky, Anita. Sebastianismo, Vieira e o Messianismo judaico. in Sobre as Naus da Iniciação. Ed. UNESP, 1997 p. 73.

que todos os sofrimentos dos judeus eram uma consequência da falta de uma terra própria. Defendeu ainda o conceito secular de que o retorno dos judeus à Terra Santa não era apenas uma promessa de Deus, mas um legítimo e justo direito.

A grande questão judaica tinha uma única solução: o retorno dos judeus à sua terra, o que devia ser visto como prioridade ao analisar os problemas sociais do mundo. A Igreja, e não Deus, havia proibido a prática das cerimônias judaicas, quando a Igreja deveria dar aos judeus convertidos ao catolicismo absoluta liberdade de seguir seus rituais, incluindo a realização da circuncisão[28].

Vieira trazia continuamente a ideia da paz como uma condição central para a vinda do Messias. Mas, a paz não existia no mundo e o Messias ainda não havia chegado.

Segundo suas ideias, judeus e portugueses estavam unidos e não desejavam separar-se, porque Portugal era um complemento de Israel. Deus havia dado um território pequeno para os judeus, a fim de que eles se espalhassem pelo mundo e levassem, a todos os povos do mundo, a luz de sua fé no Deus verdadeiro.

Vieira situa o Quinto Império na Terra e não no céu, quando a redenção de Israel seria comprovada. A ideia de salvação, tão cara aos cristãos, não precisava de uma permissão da Igreja, porque todos os homens podiam salvar-se fora da Igreja — e os judeus que haviam sido convertidos ao catolicismo teriam o direito de continuar judeus se quisessem.

Nessas proposições, Vieira contrariou as concepções fundamentais da Inquisição em relação aos judeus e cristãos-novos. Defendeu exatamente o oposto do que foi a ideologia do Santo Ofício e da Igreja e, ao fazê-lo, deu ao povo português uma compreensão completamente diferente do povo judeu, até mesmo dos cristãos-novos e seu destino.

É importante lembrar que quando Vieira escreveu ao rei defendendo os judeus, não lhe pediu nenhum favor, apenas justiça.

---

[28] Vieira, Padre Antonio. Obras Escolhidas. Vol XI. Organizada por Hernani Cidade e Antonio Sergio. Ed.Sá da Costa: Lisboa, 1951 p. 215-218.

Vieira sabia perfeitamente como funcionava o temido Tribunal, pois sua defesa dos judeus valeu-lhe dois anos de isolamento nos cárceres da Inquisição. Conhecia o círculo de homens que rodeavam o Santo Ofício, sabia que mentiam, que burlavam as leis, que enganavam a justiça, e por isso foi ao extremo, acusando a Inquisição de matar homens e mulheres inocentes.

Pintou o quadro fiel da sociedade portuguesa expressa na seguinte frase: " *O Ódio da Virtude faz pecado, da verdade faz mentira, castiga a inocência e absolve a culpa*[29]".

Mas como e quando Vieira concebeu tal visão de mundo? Depois de sua volta de Amsterdã, elaborou os conceitos teóricos sobre a Nova Igreja, onde cristãos e judeus viveriam um mesmo destino histórico de dimensão universal. Tais ideias lhe valeram, por toda a vida, a humilhação e o estigma de ser um penitenciado do Tribunal da Inquisição.

Em uma Europa impregnada de previsões apocalípticas, profecias, ocultismo, heterodoxismos,e milenarismos, Vieira vai buscar no Velho Testamento as soluções políticas para os conflitos de Portugal. Joga com as palavras e joga com o poder. A forma e o conteúdo de seus discursos conduzem o leitor a um labirinto de ideias, das quais se pode extrair muitos sentidos.

---

[29] "Memorial a favor da gente da nação hebreia sobre o recurso que intentava ter em Roma, exposto ao sereníssimo Senhor Príncipe D. Pedro, regente deste Reino de Portugal", in Vieira, Antônio Obras Escolhidas, Ed. Sá da Costa: Lisboa, 1951, Vol. IV, Obras Várias II, p. 115-135.

SERMOENS
DO
P. ANTONIO VIEIRA,
DA COMPANHIA DE JESV,
Prégador de Sua Alteza.
SEGVNDA PARTE.
DEDICADA
No Panegyrico da Rainha Santa
AO SERENISSIMO NOME
DA PRINCEZA N. S.
D. ISABEL.

EM LISBOA.
Na Officina de MIGVEL DESLANDES.
E á sua custa, & de Antonio Leyte Pereyra, Mercador de Liuros.
M.DC.LXXXII.
Com todas as licenças, & Priuilegio Real.

Capítulo IV

Vieira e a Inquisição

Vieira começou sua luta intensa contra o anti-judaísmo que estava crescendo em seus país, acusando a Inquisição de perseguir inocentes para extorquir-lhes seus bens – e lamentou o silencio de seus concidadãos, dizendo que "as omissões eram mais perigosas do que os pecados".

Vieira nunca se integrou ao estreito ambiente político e religioso de seu tempo. Sua visão de mundo, sua noção de justiça e tolerância, sua opinião crítica contra a igreja, sua concepção do outro e sua opinião sobre aqueles que eram "diferentes", lhe conferem um lugar de destaque em uma sociedade cujas mentes estreitas e fanáticas da classe dominante portuguesa confrontaram-se com sua mentalidade pragmática e moderna. Seus sonhos utópicos tinham um propósito prático: unificar todas as nações em uma época de harmonia.

Em 1666, o Tribunal do Santo Oficio da Inquisição deu seu grande golpe, emitindo uma ordem de prisão que levou o Padre Vieira aos seus cárceres. O grande incômodo foi causado principalmente pela obra *História do Futuro*[30]*,* onde Vieira defendeu o Sebastianismo e endossou as trovas de Bandarra. Para os clérigos romanos, as trovas de Bandarra tinham *"odor de judaísmo"*. Desde a publicação do livro, quan-

---

[30] Encontramos a seguinte edição brasileira: VIEIRA. Pe. Antonio. *História do Futuro*. Brasília: UNB. 2005. (N. E.)

do Vieira ainda vivia no Maranhão, catequizando índios, a Inquisição pretendia chamá-lo para exigir explicações sobre sua obra. A própria Rainha D. Luisa e o Marques de Marialva intercederam, e Vieira não chegou a ser convocado. Mas, ao retornar ao Reino assumindo posições políticas e ratificando suas críticas à Inquisição, Vieira foi convocado. Os pretextos foram suas ideias messiânicas e, principalmente, a desconfiança dos inquisidores quanto à influência da Cabala em seus escritos. Para os inquisidores, o jesuíta era *"sujeito de malsinada origem, suspeito no sangue, como nas opiniões³¹"*. Tanto o escrito intitulado "Esperanças de Portugal, Quinto Império do Mundo - primeira e segunda vida de El--Rei D. João IV", onde endossa as profecias de Bandarra de acordo com as Sagradas Escrituras, quanto sua constante defesa dos judeus e cristãos-novos, representava um ataque à dignidade do Santo Ofício.

Desde 1663 Vieira já havia sido convocado pelo tribunal de Coimbra, mas nos dois primeiros anos pôde ficar em liberdade, sem se ausentar da cidade, para que preparasse a sua defesa. Em janeiro de 1666 foi levado ao cárcere até dezembro de 1667. Foi tratado como uma pessoa sobre a qual não se conhecia a "qualidade do sangue", o que significava que haveria uma grande investigação em busca de uma suposta origem judaica. Após dois anos de humilhações, vivendo em um calabouço escuro, Vieira foi levado a um Auto de Fé privado e recebeu a sentença de reclusão em uma casa da Companhia de Jesus, sem direito a voto ou a se candidatar a algum cargo na ordem, além de o proibirem de pregar seus eloquentes sermões para o público³². O padre decidiu, então, deixar sua pátria e seguir para Roma, onde tentaria reabilitar seu nome junto ao Papa e desmascarar de uma vez por todas o Santo Ofício.

O padre Vieira chegou em Roma em 1669 e, recebido por amigos e companheiros da Companhia de Jesus, iniciou a mais corajosa luta jamais empreendida contra uma instituição da Igreja — o

---

[31] Azevedo, João Lúcio. *História de Antonio Vieira*. Op. Cit. p. 8, Tomo II.
[32] Azevedo, João Lúcio. *História dos Cristãos novos portugueses*. Livraria Clássica Editora: Lisboa, 1921 p. 286-288.

Santo Ofício. Escreveu ao Papa Inocêncio XI uma carta intitulada: *Carta do Padre Antônio Vieira sobre a causa do Sancto Oficio escrita ao Santíssimo Padre Innocencio XI*, que pode ser encontrada anexa a esta obra[33].

Através do seu conteúdo, é perfeitamente possível situá-la na temporada em que Vieira passou em Roma. A missiva discute a recusa dos prelados e inquisidores portugueses em atender à solicitação do Papa Inocêncio XI, de enviarem 4 ou 5 processos inquisitoriais para que fossem analisados pelo Pontífice. Vieira, clama do íntimo de seu coração a *"Deus do Céu"* ou aos *"que ocupam seu lugar na terra"*, para que vejam as *"mentiras, a infâmia e as calamidades de sua pátria, tão perniciosa nos bens temporais, como na fazenda, a liberdade, vida e honra"*... Denuncia nessa carta, ostensivamente, todo o racismo português. Argumenta, com diversos exemplos, que não se trata de uma perseguição religiosa, mas uma perseguição *"racista"*, e afirma que:

> **querem ajudar um cristão-velho e fazem 200 cristãos-novos, e assim como na Casa da Moeda se cunha dinheiro, assim neste miserável Reino somos oficinas de acumular judeus.** Se antes não corriam por tais, aqui lhes imprimem os cunhos e as cruzes para que de todo mundo sejam conhecidos: nova aritmética, que com a espécie de diminuir ensina a multiplicar.

Quase um século mais tarde, D. Luís da Cunha, embaixador de Portugal na corte francesa de Luís XIV, repetiu em seu "Testamento Político", a opinião de Vieira. Em outro trecho, Vieira, é mais enfático sobre o caráter do racismo e do fanatismo português:

> Não podia deixar, Deus Nosso Senhor, de Castigar esta presunção vã que os portugueses tem de ser puro na fé. Apuram a fé de maneira tão grande que se vai esturrando; e em vez de darmos bom exemplo, o damos péssimos, de escândalo?

---

[33] *Carta do Padre Antônio Vieira sobre a causa do Sancto Oficio escrita ao Santíssimo Padre Innocencio XI*. Códice 49/VI/23. Biblioteca da Ajuda: Lisboa. Documento manuscrito.

O movimento anti-judaico em Portugal nesse início da década de 70 tinha se intensificado e apresentava as mesmas características que o antissemitismo em todos os tempos. Um acontecimento local agravou a situação, quando os cristãos- novos foram responsabilizados por um sacrilégio ocorrido em Odivelas, em 2 de junho de 1671. Como represália, um decreto real denominado "Lei do Extermínio", datado de 5 de setembro de 1673, determinou que todos portugueses cristãos- novos, confessos no crime de judaísmo, saíssem de Portugal com suas famílias, mas deixando seus filhos menores de sete anos[34].

Os Inquisidores, que nunca aprovaram uma expulsão dos cristãos-novos, para não perder seus bens, desta vez também manifestaram-se totalmente contrários ao decreto, que interferia diretamente nos seus interesses econômicos. Também não apoiaram o pedido de "Perdão" que os cristãos-novos, num último recurso, queriam dirigir ao Papa. Pronunciaram-se contra um documento elaborado pelos cristãos-novos denominado "Súplica dos Cristãos-Novos". O alto Clero, o Bispo de Leiria, o Bispo da Guarda e as Cortes, indignados com a ousadia dos cristãos-novos, advertiram o Rei sobre os perigos que tal perdão traria para a causa da fé cristã. Vieira não encontrou outro caminho senão descarregar tudo sobre o Papa Clemente, e escreveu ao Príncipe Regente D. Pedro, expondo-lhe as razões pelas quais todos os negócios, leis e estilos do Santo Oficio deviam ser entregues ao Sumo Pontífice, para serem por ele examinados. Em Roma, Vieira recebia continuamente notícias de Portugal, sobre as intrigas e mesquinhas alusões à sua pessoa. Desanimado, escreveu ao diplomata e magistrado Duarte Ribeiro de Macedo, em 10 de outubro de 1673, queixando-se do Rei D. Pedro que, intimidado, revogara as primeiras ordens que havia emitido sobre a causa dos cristãos-novos[35]. Essa ati-

---

[34] Kayserling, M. *História dos Judeus em Portugal*, Ed. Pioneira, S. Paulo, 1971, p. 274. Veja Apêndice VII, "Decreto de D. Pedro II", p. 306. Veja também *"Consultas"* sobre Odivelas, 49/IV/II Biblioteca da Ajuda, Lisboa; e *Manuscritos da Livraria*, Códice 1509, Arquivo Nacional da Torre do Tombo.

[35] *Cartas do Padre Antônio Vieira*, Coordenadas e anotadas por J. Lucio de Azevedo. Imprensa Nacional: Lisboa, 1971, 3 tomos, vol. II, p. 643.

tude do Rei foi uma traição à classe burguesa e mercantil portuguesa, e Vieira o entendeu perfeitamente. Alguns dias depois, em 17 de outubro de 1673, escreveu novamente a Macedo, contando-lhe que os Inquisidores portugueses mandavam fazer em Roma grandes diligências para que se pusesse silêncio às reivindicações dos cristãos-novos, enviando para isso "grandes somas de dinheiro, que não deviam ser de seus bolsos"[36]. Quase um mês mais tarde, em 14 de novembro de 1673, continuou seus desabafos, cada veja mais atemorizado com o que acontecia em sua terra natal, mostrando os grandes perigos a temer, que eram o "segredo" e a imunidade em que se mantinha o Tribunal, e a religião, usada pelos poderosos como "pretexto"[37].

Data dos anos de 1669-1675 a vasta correspondência do padre Antônio Vieira com personalidades ilustres do Reino e também os dois escritos que concentram toda a indignação e revolta que o jesuíta sentia pelos mecanismos empregados pelos Inquisidores: "Desengano católico sobre a causa da gente da nação hebreia" e "Memorial a favor da gente da nação"[38]. No "Memorial", seu discurso versava sobre os conceitos de Justiça e de Verdade, e escreveu de forma perspicaz: "o ódio da virtude faz pecado, da verdade faz mentira, castiga a inocência e livra a culpa"[39]. Acusava impiedosamente os Inquisidores de estarem errados, afirmando que a maioria do povo aprovava, por ignorância, os autos de fé e a ação do Tribunal. Pedia ao Regente que escutasse a minoria, pois o certo não estava com as maiorias, uma vez que estas não tinham razão crítica. A opinião comum chamava os cristãos-novos de "abominável", "escandalosa" e "perversa gente", quando a verdade era o contrário, pois nunca se soube de perversidade por parte dos judeus, mas sim dos Inquisidores, com seus Autos de Fé. É uma denúncia sem permeio, que nenhum homem da Renascença, em Portugal ou fora, teve até então a coragem de fazer.

---

[36] *Ibid.*, vol. II, p. 646.
[37] *Ibid.*, vol. II, p. 657.
[38] "Desengano católico", *op. cit.*; "Memorial", *op. cit.*
[39] "Memorial", *op. cit.*, p. 117.

Escreveu um grande desabafo a um amigo que também estava em Roma e desta vez, foi ainda mais violento no ataque à Igreja e ao rigor do estilo das Inquisições em Portugal. Repete os mesmos argumentos que continuamente, em toda a sua vida, afirmou sobre a inocência dos réus. Segue dizendo que não acreditava serem verdadeiros os crimes que os prisioneiros contavam, "ainda que mil vezes o confessassem". Afirmava que judeus eminentes, que saíam da universidade de Coimbra e Salamanca, que serviam Armas e honravam o nome português, na tortura juravam e confessavam mentiras por medo da morte e da dor infligida.

Vieira ergueu-se acima do seu tempo. Sua "modernidade" emergia em seu discurso como uma explosão contra o fanatismo de Portugal. Não poupou a ferocidade da língua, afirmou que *a distinção entre cristãos-novos e cristãos-velhos era uma lepra*. E quando se dirigiu ao Rei, disse claramente que não pedia favor, mas justiça. O padre tinha consciência dos efeitos que causaram as ideias racistas de limpeza de sangue, criando barreiras intransponíveis na sociedade e dando origem a verdadeiros "párias" e "intocáveis".

Mas Vieira atirou-se ainda mais longe, para escândalo de seus contemporâneos, e no seu "Memorial" vai direto à apologia do sangue judeu dizendo que

> Deus escolheu essa gente da Nação hebreia para se aparentar, Deus fez nascer seu filho desse sangue. Os principais santos da Igreja, São João Batista, São Paulo, São Pedro, todos Apóstolos, a mãe de Deus e os discípulos de Cristo, todos foram da nação hebreia e não gentios[40].

No "Desengano Católico sobre a causa da Gente da Nação" retratou a covardia e o medo da sociedade portuguesa perante o Santo Oficio e a prepotência dos Inquisidores, quando apontou que, em

---

[40] *Ibid.*, p. 110.

Portugal, todos têm a boca fechada com mil temores a respeito da Inquisição, pois

> os Inquisidores não dão ouvidos a nenhum requerimento ou proposta, e se fecham com a sua soberania e potência, sem admitirem alguma razão, nem de cristãos-velhos, nem de cristãos-novos[41].

Depois das "Propostas" que apresentou ao monarca português no ano de 1643, para a "Mudança dos Estilos" do Tribunal da Inquisição, Vieira vai, 31 anos depois, em 1674, desmascarar a farsa da instituição, indicando que os confessos revelam o que nunca fizeram, e quando negam o crime de que são acusados, morrem. Pediu ao Rei que examinasse todos os Processos, não um apenas, para verificar por si próprio que saíam em Autos de Fé indivíduos que não mereciam ser presos. Lembrou que os réus que se confessam culpados, mentem para salvar a vida, pois os que negam a culpa são queimados, são chamados de "negativos", e os que escondem cúmplices são chamados de "diminutos" e tem como destino a fogueira. A argúcia do padre Antônio Vieira foi fazer os cristãos-novos emergirem num outro quadro, como mártires do próprio catolicismo e sujeitos a um Tribunal criminoso. Vieira não temeu mostrar que a Inquisição tinha poder e impunha sua autoridade a partir do terror que causava e os homens que a dirigiam, os Inquisidores, *"não eram santos"*. O Tribunal do Santo Ofício da Inquisição era o local onde *"os inocentes perecem e os culpados triunfam, porque esses (os inquisidores), na boca têm o remédio e no coração o veneno"*[42].

Numa carta a Duarte Ribeiro de Macedo, datada de 29 de agosto de 1673, conta-lhe que Pedro Vieira da Silva, Bispo de Leiria, viera a Roma pedir socorro para a Inquisição[43]. Vieira estava indignado com as notícias que vinham do Reino, de que *"Lisboa estava amotinada"*, e que *"se queria vender a fé por dinheiro e crucificar Cristo de novo"*.

---

[41] "Desengano católico", *op. cit.*, p. 110.
[42] "Memorial", *op. cit.*, p. 124.
[43] *Cartas*, *op. cit.*, vol. II, p. 618.

Sabia que os familiares do Santo Ofício enviados para Roma iriam se empenhar em reabilitar a Inquisição, e *"pagar o negócio"* em Roma, com toda sua fazenda, o que significava oferecer ao Vaticano altas somas para que a instituição portuguesa continuasse seus trabalhos.

Mas corria outra notícia na cidade papal, os cristãos-novos teriam enviado um certo Pedro Lupina Freire para reforçar sua causa. E quem era Pedro Lupina Freire?

Consta como sendo o autor de "Notícias recônditas do Modo de Proceder da Inquisição com os seus presos", que pensou-se durante muito tempo ter sido de autoria do sábio (*"Haham"*) David Neto e publicado em Londres, em 1722[44]. Cogitou-se, também, que fosse de autoria do próprio Vieira, visto que as ideias, os argumentos e as acusações do padre eram as mesmas apresentadas nas "Notícias". Cremos que a questão da autoria dessa denúncia contra a Inquisição ainda não está resolvida.

Pesquisando na John Carter Brown Library, em Providence, Rhode Island, encontrei uma obra raríssima intitulada *"An Account of the Cruelties Exercise'd by the Inquisition in Portugal"*, editada em Londres em 1708[45]. No "Prefácio", diz o editor que o autor da obra é pessoa que pode dar a mais exata relação dos procedimentos e atos do Tribunal, contra aqueles que são acusados ou suspeitos de heresia, como também de seu tratamento nas prisões da dita Inquisição. Conta o autor que, depois de ter descoberto parte dos segredos e mistérios desse Tribunal, não pôde aguentar as bárbaras crueldades e injustos procedimentos usados contra os criminosos, e isso foi tanto contra seu coração, que ele resolveu deixar Portugal e se retirar para Roma, no ano de 1672. Por causa deste escrito, continua o editor, fechou-se o Tribunal em 1674, com "grande mortificação dos inquisidores". As "Notícias" correram então manuscritas, com grande número de có-

---

[44] "Notícias recônditas do Modo de Proceder da Inquisição com os seus presos", *in* Vieira, A. *Obras, op. cit.*, Apêndice, p. 139-244. A edição londrina de 1722 tinha o título "Notícias recônditas y pósthumas del procedimiento de las Inquisições de España y Portugal con sus presos". Tinha suas partes, uma em português e outra em castelhano.

[45] Impresso por R, Burrough and F. Baker, em *Sun and Moon in Carnhill,* Londres, 1708.

pias, e caíram nas mãos de personalidades ilustres da época. Diz ainda o autor que sabia não ser seguro voltar para Portugal, pois os Inquisidores o "sacrificariam para vingar-se", e resolveu acabar seus dias em Roma. Mas como havia mandado cópias desse manuscrito a várias partes da Europa, foi traduzido para outros idiomas e impresso, *"para que o público soubesse os injustos procedimentos desse terrível Tribunal"*.

Este documento, escrito em inglês, é uma tradução das "Notícias Recônditas", apesar de não se tratar de uma versão exata. Sua existência prova que as "Notícias" não foram publicadas pela primeira vez em 1722 como pensou Hernani Cidade, mas em 1708 ou mesmo antes disso, já que deste ano data aquela tradução.

Numa carta enviada de Roma para o padre Manuel Fernandes, em 9 de setembro de 1673, Vieira referiu-se ao suposto autor das "Notícias Recônditas" nos seguintes termos:

> Aqui anda Pedro Lupina Freire, e dizem que foi mandado para este negócio [o de obter da Cúria a modificação dos estilos da Inquisição Portuguesa]. É homem terrível, e que pode servir ou danar muito para as notícias interiores da Inquisição. Como foi secretário dela tantos anos, pode dar muita luz; e por outra parte, por se congraçar com a mesma Inquisição pode unir-se com quem faz as suas partes, e parece capaz de tudo, principalmente sendo pobre, ainda que de alguns dias a esta parte começou a andar mais luzido[46].

Se Vieira conhecia o texto das "Notícias Recônditas", como afirmam alguns autores, e o retocou, por que apresentou seu autor de forma tão suspeita? Talvez um estudo do "Processo" de Lupina Freire, que ainda não foi feito, possa esclarecer problemas diversos relacionados com a questão da justiça inquisitorial, e também sobre a verdadeira autoria das "Notícias Recônditas" que, afinal, traduzem fielmente o pensamento do padre Antônio Vieira. Em vista de seu escrito, Lupina

---

[46] *Cartas, op. cit.*, vol. II, p. 626.

Freire foi condenado pelo Tribunal da Inquisição a cinco anos de degredo no Brasil.

São numerosas as contradições e os paradoxos que encontramos na personalidade e nos discursos do padre Antônio Vieira. Expressou-as bem o historiador Robert Southey: *"Poucos personagens me despertaram tanto interesse como esse extraordinário homem... Ele foi um profundo Homem de Estado e sua liberalidade é demonstrada através de sua conduta sobre os judeus, ao mesmo tempo que sua genialidade e sabedoria devem ter coexistido com a falsidade e com as superstições católicas. Sua loucura, é certamente o que me despertou maior curiosidade."*[47].

Ao lado dos lances mais esclarecidos e críticos, Vieira entra com bajulações, que muitas vezes confundem a análise do historiador. Sua retórica barroca, seus argumentos muitas vezes diretos, outras vezes velados, ondulados, traduzem o universo enganoso no qual se movia. Chegou às vezes até a admitir a necessidade da existência do Tribunal, que diz "ser necessário" para a preservação da fé católica. Outras vezes abomina o fato de ser ainda tolerado, insinuando que a fé não passava de pretexto.

Querendo chocar os retrógrados e fanáticos ministros, chegou ao ponto de dizer que Portugal tinha de unir-se aos infiéis. Mostrou, com exemplos extraídos da História Sagrada, que príncipes amantes de Deus uniram-se aos infiéis e idólatras, Macabeus com os Romanos, Abraão com Abimelech etc. Sabemos que no século XVII milhares de hereges portugueses perambulavam pela Europa, hereges do Catolicismo, hereges do Judaísmo. Vieira achava-os necessários em Portugal, pois os judeus não prejudicariam o Catolicismo, e cita o exemplo do Papa, que não distinguia os cristãos-novos dos velhos, admitindo publicamente o Judaísmo na Santa Sé, enquanto Portugal não aceitava nem os que estavam batizados. Lembrou que em Roma permitiam

---

[47] Southey, Robert.
"Few characters have ever interested me so much as this extraordinary man [...] That he was a profound statesman is apparent, and his liberality is shown by his conduct about the Jews, and how his genius, his wisdom and his liberality should have coexisted with his false taste, his catholic superstitions and his own individual madness is indeed most curious".

Sinagogas, onde livremente se professava a lei de Moisés. Readmitir os cristãos-novos em Portugal seria obra de grande serviço de Deus e aumento da religião católica, pois o dinheiro dos judeus poderia servir para dilatar a fé de Cristo no mundo. Vieira procurou encorajar o Rei de Portugal a "não ter medo" de mandar voltar os judeus, porque isso era "justiça".

Para os Inquisidores, ouvir que ingleses, holandeses e hereges podiam também salvar-se na sua fé "contanto que vivessem bem" soava o mesmo que uma traição ao Catolicismo e à pátria. O que queria dizer Vieira com os termos "vivessem bem"? Poucos o entenderam.

Vieira procurou em seu Processo, ironicamente, fazer entender aos Inquisidores que não havia mal nenhum no fato de os cristãos-novos esperarem seu Messias, já que os portugueses esperavam D. Sebastião[48].

Ao mesmo tempo, o pensamento de Vieira sobre a Inquisição pode ser também estudado nas diversas correspondências que ataca a instituição. Podemos perceber um tom acusatório e sua indignação perante o antissemitismo desencadeado em Portugal, principalmente depois do famoso "desacato de Odivelas", que levou-o a bradar que os Inquisidores deviam ser "processados", "castigados" e "depostos" do Ofício como cismáticos, impedidos do recurso e obediência à Sé Apostólica. Reforça sua opinião de que os "estilos" do Tribunal deviam ser mudados, que devia haver outra forma de proceder, que devia diminuir-se lhes a potência reduzindo os "familiares" e tirar-lhes a administração do dinheiro do fisco. Padre Vieira vai ao extremo e diz que "a causa já não é dos cristãos-novos, senão da Fé e da Igreja".

Vieira pagou um alto preço lutando pelos direitos dos judeus contra os princípios discriminatórios da Igreja. Foi condenado pela Inquisição a viver recluso e impedido de pregar por dois anos. Suas

---

[48] Vieira, Pe. Antonio. *Defesa Perante o Tribunal do Santo Ofício*, 2 tomos, Ed. Livraria Progresso: Bahia, 1957.

acusações contra o Santo Ofício, deixaram os inquisidores furiosos, só escapou da morte porque teve a proteção do Papa.

A prisão de Vieira pela Inquisição está ligada à sua mensagem messiânica, à sua crítica social e aos seus escritos, com "odor de Judaísmo", como disseram os Inquisidores.

No seu processo pesaram as acusações de judaísmo, sacrilégio, blasfêmia e de ter defendido proposições impregnadas de erros judaicos. Ao final, Vieira se retratou — conhecia bem o jogo e fez o que precisava. Mas, mesmo depois de absolvido, não abandonou suas ideias milenaristas nem a defesa da causa dos judeus. Os Inquisidores mantiveram-se atentos, seguindo cuidadosamente seus passos. Quando em 1669 partiu para Roma, levava então um projeto corajoso: desmascarar a poderosa instituição da Igreja, o Santo Ofício da Inquisição.

Colocamos aqui uma questão: os discursos de Antônio Vieira, tanto os redigidos em Portugal no tempo do Rei D. João IV, como os que elaborou durante os anos em que viveu em Roma, podem ser utilizados como fonte para uma melhor compreensão do fenômeno Inquisição e cristãos-novos?

No que diz respeito ao marranismo, ao judaísmo secreto, seus discursos fornecem-nos elementos que podem auxiliar na avaliação crítica da historiografia contemporânea, que se propõe a criar uma "Nova História da Inquisição"[49].

Analisando os escritos de Vieira sobre os judeus, a questão da justiça inquisitorial e o comportamento dos cristãos-novos em Portugal, e comparando a opinião de Vieira com as teses publicadas sobre a Inquisição Espanhola e os conversos, podemos reconstruir a significação do Tribunal Ibérico para a história da barbárie na época moderna. Instrumento totalitário de aniquilação da cultura judaica, degradava os judeus publicamente, para regozijo das elites e o escárnio das massas.

---

[49] Villanueva, Joaquim Perez, dir. *Inquisicion Española, Nueva Vision, Nuevos Horizontes*, ed. Siglo Veintiuno: Espanha, 1980.

Para alcançarmos a essência da mensagem subentendida nos discursos de Vieira, referente ao Tribunal do Santo Ofício e ao fenômeno cristão-novo, lembramos que historiadores tradicionais divergem em sua opinião sobre a Inquisição e o marranismo[50]. J. Lúcio de Azevedo, C. Baroja, Israel Révah e outros não puseram em dúvida a veracidade e o conteúdo dos Processos, nem a honestidade do julgamento inquisitorial. A confissão de Judaísmo dos réus penitenciados pelo Tribunal não é questionada e os cristãos-novos são vistos como secretos praticantes da religião judaica, culpados, portanto. do crime de que eram acusados. Punindo-os, a Igreja agia de acordo com sua lógica interna e seus princípios ideológicos, que seriam a preservação da fé católica.

O padre Antônio Vieira defendeu uma tese contrária, e foi apoiando-se nela que A.J. Saraiva acusou a Inquisição de perseguir um mito, pois grande parte dos portugueses cristãos-novos que foram penitenciados pelo Santo Ofício eram inocentes do crime de que estavam sendo acusados. Não podemos, assim, dar crédito às confissões contidas nos milhares de processos inquisitoriais. As regras e o funcionamento do Tribunal eram tais, que os réus não tinham outra opção a não ser assumir sua culpa. Garantiam-se assim os crimes e forjavam-se os criminosos.

Yossef Yerushalmi, em seu trabalho sobre Isaac Cardoso, concorda com a tese de I. Révah e da maioria dos autores judeus, apoiando-se no fato de que os registros inquisitoriais eram estritamente secretos, para uso dos Inquisidores somente. Não crê que se possa rejeitar uma massa de documentos referente a três séculos. Apesar de possíveis distorções, o registro das confissões dos judaizantes não era um jogo instrumental. E chega à mesma conclusão de Révah, de que os réus condenados pela Inquisição eram judaizantes secretos, portanto culpados perante a Igreja[51]. Saraiva, na polêmica travada com o professor I. Révah, afirmou que o que lhe interessava verdadeiramen-

---

[50] Novinsky, Anita. *Cristãos-novos na Bahia*, ed. Perspectiva: São Paulo, 1970. cf. Cap. I, "Um problema de Historiografia".

[51] Yerushalmi, Y.H. *From the Spanish Court to Italian Guetto. Isaac Cardoso A Study in Seventeenth Century Marranism and Jewish Appologetics.* Univ. of Washington Press, 1981, p. 24.

te, em toda a história dos cristãos-novos, era saber de que maneira e até que ponto os arquivos da Inquisição podiam ser utilizados na reconstituição da história das suas vítimas. Révah criticou a tese de Saraiva, por ter considerado os judaizantes um mito criado pela Inquisição e por não ter utilizado documentos do Santo Ofício, principalmente processos[52]. Os exemplos e os argumentos de Vieira são uma resposta a essas contestações diversas, além de nos apresentarem um quadro que difere radicalmente daquele sugerido pela "Nova História da Inquisição".

Analisando os discursos de Vieira, principalmente a "Proposta", o "Memorial", e o "Desengano católico"[53], confrontamo-nos com a posição de um homem da Igreja, a desmascarar a própria "empresa" à qual pertence. Esta postura insere-se no universo de contradições barrocas no qual vivia, e em cuja armadilha o próprio Vieira caiu muitas vezes.

Padre Vieira atacou a Inquisição, mas atacando-a, conferiu também um golpe na própria instituição que a moldou. Não desfechou o golpe com subterfúgios, mas aberta e corajosamente denunciou a desonestidade dos Inquisidores e a injustiça e arbitrariedade do julgamento, porque os juízes, movidos pelo ódio, não poderiam obter uma sentença justa[54]. A discriminação apoiava-se sobre a ideologia racista, construída há mais de meio século, na Espanha (1449), por entidades laicas, e que forneceu à Igreja os fundamentos de que ela necessitava para sua "missão purificadora". Foi a discriminação étnica e não a religião judaica que sustentou o Marranismo. Os marranos respondiam à exclusão a que eram relegados com uma nova representação do mundo, um mundo sem Deus. Mas foi também a discriminação étnica que forneceu à Igreja uma nova arma contra os judeus:

---

[52] Saraiva, Antônio José. Inquisição e Cristãos-Novos. Ed. Imprensa Universitária, Ed. Estampa: Lisboa, 1985, p. 213-291.
[53] "Proposta que se fez ao Sereníssimo Rei D. João IV a favor da gente da nação sobre a mudança nos estilos do Santo Oficio e do Fisco, em 1645", *in* Vieira, A. *Obras, op. cit.,* pp. 27-71; "Memorial a favor da gente da nação hebréia", *op. cit.* pp. 115-135; "Desengano católico sobra a causa da gente da nação hebréia", *op. cit.*, p. 109-114.
[54] "Memorial", *op.cit.*, p. 117.

todas as ordens religiosas proibiam a entrada dos portugueses de "sangue infecto".

Vieira enfatizou em seus textos aqueles pontos que lhe pareciam aberrações da sociedade portuguesa, pelas quais responsabilizava, em grande parte, a Inquisição, o racismo, o confisco e o ódio incrustado na alma do povo, doutrinado com os sermões dos autos-de-fé. No que diz respeito ao Processo, acusou principalmente o "anonimato" das denúncias, e a ignorância do crime pelo réu. Encontrando-se em Roma e buscando o apoio do Papa, jogou com sua argúcia, afirmando e mostrando ao Sumo Pontífice que só teoricamente o Tribunal estava submetido à Santa Sé. Desmascarou a falta de proteção legal e de garantias dos prisioneiros, atirados num labirinto, onde tateavam às escuras, sem esperanças e sem retorno. A "reconciliação" com a Igreja significava para os cristãos-novos "cárcere e hábito penitencial perpétuo".

Em Roma, Vieira tomou atitudes decisivas, orientou os cristãos-novos, e mostrou-lhes como deviam apelar e pedir uma Súplica ao Papa, para conseguirem o **"Perdão Geral"**[55]. Recomendou-lhes que o "Requerimento", solicitando o Perdão, devia provar que o "estilo" do Tribunal levava a gravíssimas injustiças, a primeira e maior de todas: morrerem muitos inocentes. Advertiu-lhes ainda que todas as informações dirigidas ao Papa deviam vir muito bem documentadas, pois tratava-se da necessidade de mudar as leis de um Tribunal já há muito estabelecido, que há tantos anos aplicava os mesmos métodos.

A "Proposta" dos cristãos-novos deveria vir em nome do Rei de Portugal, com uma carta do Núncio dirigida ao Papa, e também deviam ser mandadas certidões de Bispos e Prelados e pessoas que, por escrúpulo, não quiseram ser ministros. Vieira diz que sabe que ainda havia essas pessoas. Todos os documentos que iriam servir de prova sobre os injustos atos da Inquisição deviam vir justificados pela Nunciatura. Vieira queria garantir, de todos os lados, o ataque ao Tribunal.

---

[55] Carta ao Pe. Manoel Fernandes, junho de 1673, *in Cartas, op. cit.*, vol. II, p. 591; Ver também *Armario Jesuítico*, Arquivo Nacional da Torre do Tombo: Lisboa, Ms.

Seu depoimento tem extraordinário valor documental, pois representa uma crítica à Inquisição nascida dentro da própria Igreja. Vieira antecipou com seu humanismo crítico, em pelo menos um século, o pensamento dos chamados "estrangeirados". Sua noção de pátria, povo e religião, podia coincidir com as diferenças, a negação, o heterogêneo. Sua intenção era outra? Futura conversão de todos os judeus, como querem alguns autores? Pode ser... O fato é que esse mesmo pensamento voltou à vida no século XVIII com D. Luís da Cunha, Antonio Nunes Ribeiro Sanches e com o próprio Marquês de Pombal. Mais ainda, com os prisioneiros da Inquisição, cristãos-novos ou cristãos-velhos, judaizantes ou não, eram inspirados pelas ideias do jesuíta e repetiam seu nome na surdina. O padre Manoel Lopes de Carvalho, baiano, queimado pela Inquisição portuguesa em 1726, lembrava fielmente a frase de Vieira: *"se não fosse a Inquisição não haveria tantos judeus"*[56].

A deterioração do catolicismo português, presenciada por Vieira, levou-o ainda à cruel denúncia de que os índios já tinham aprendido e sabiam, desde o tempo em que o Ceará esteve dominado pelos holandeses, que *"é muito mais suave o jugo dos hereges do que o de tais católicos"*[57].

Com as corajosas acusações à hipocrisia dos Inquisidores e à corrupção de todo sistema inquisitorial, Vieira prestou um serviço à história e seu testemunho constitui uma preciosa fonte para o estudo do antissemitismo e do despotismo religioso e político do Seiscentos português. Deixou-nos o mais convincente discurso sobre o "significado" da perseguição aos judeus e para a compreensão do antissemitismo. O estudo de seus textos permite também uma análise comparativa com o Tribunal espanhol, e hoje, com as tendências da "Nova História da Inquisição", adquire ainda maior importância.

Em sua exaltação aos judeus, Vieira buscou em Deus as mais belas comparações, colocando os judeus no mais alto pedestal dos

---

[56] Processo do Padre Manoel Lopes de Carvalho, da Inquisição de Lisboa n. 9255, Arquivo Nacional da Torre do Tombo, Ms.
[57] Vieira, Antonio. "Informação ao Conselho Ultramarino sobre as coisas do Maranhão" *in Obras Escolhidas, op. cit.,* vol. V, Obras Várias III, p. 325.

santos. Retomou a questão do sangue, que atormentava a mente dos portugueses, buscando nos heróis bíblicos, nos antigos hebreus, seu maior exemplo, dizendo que *"nos tempos antigos, que Nação no mundo teve um Abraão, um valente David, um sábio Salomão, Ezequiel, Jonas, José, um Moisés que falou com Deus, rosto a rosto?"* - *"E que Nação, por mais belicosa, chegou a alcançar tantas vitórias e triunfos como a nação hebreia?"*.

Durante toda a sua vida, Vieira defendeu a mesma ideia. Como já dissemos, repetiu-a com a convicção sabendo que os pobres cristãos-novos viviam seu martírio sem solução. Sabia a verdade, conhecia a realidade vivida pelos conversos e suas intrépidas fugas, quando possível, como podemos comprovar com os numerosos Mandatos Não Cumpridos, que eram os indiciados desaparecidos.

A atuação do Padre Vieira em Roma foi vitoriosa por um certo período — a Inquisição interrompeu suas atividades por 7 anos, de 1674 a 1681, graças ao seu discurso sobre a violência no tratamento dos réus, os métodos tendenciosos empregados e os julgamentos falsos da Inquisição. Porém, sua interrupção foi um grande "blefe", pois nenhum preso foi libertado e os processos ficaram estagnados, o que prolongou o sofrimento dos réus. Quando o Tribunal reiniciou seus trabalhos, levou alguns anos se reestruturando para dar início ao período de redobrada violência, com uma fúria exterminadora nas suas prisões e nos Autos de Fé, fazendo um número ainda maior de perseguidos. O século XVIII foi a época com maior número de prisões e autos de fé em Portugal. Na primeira metade do século, só no Brasil foram feitos 555 prisioneiros.

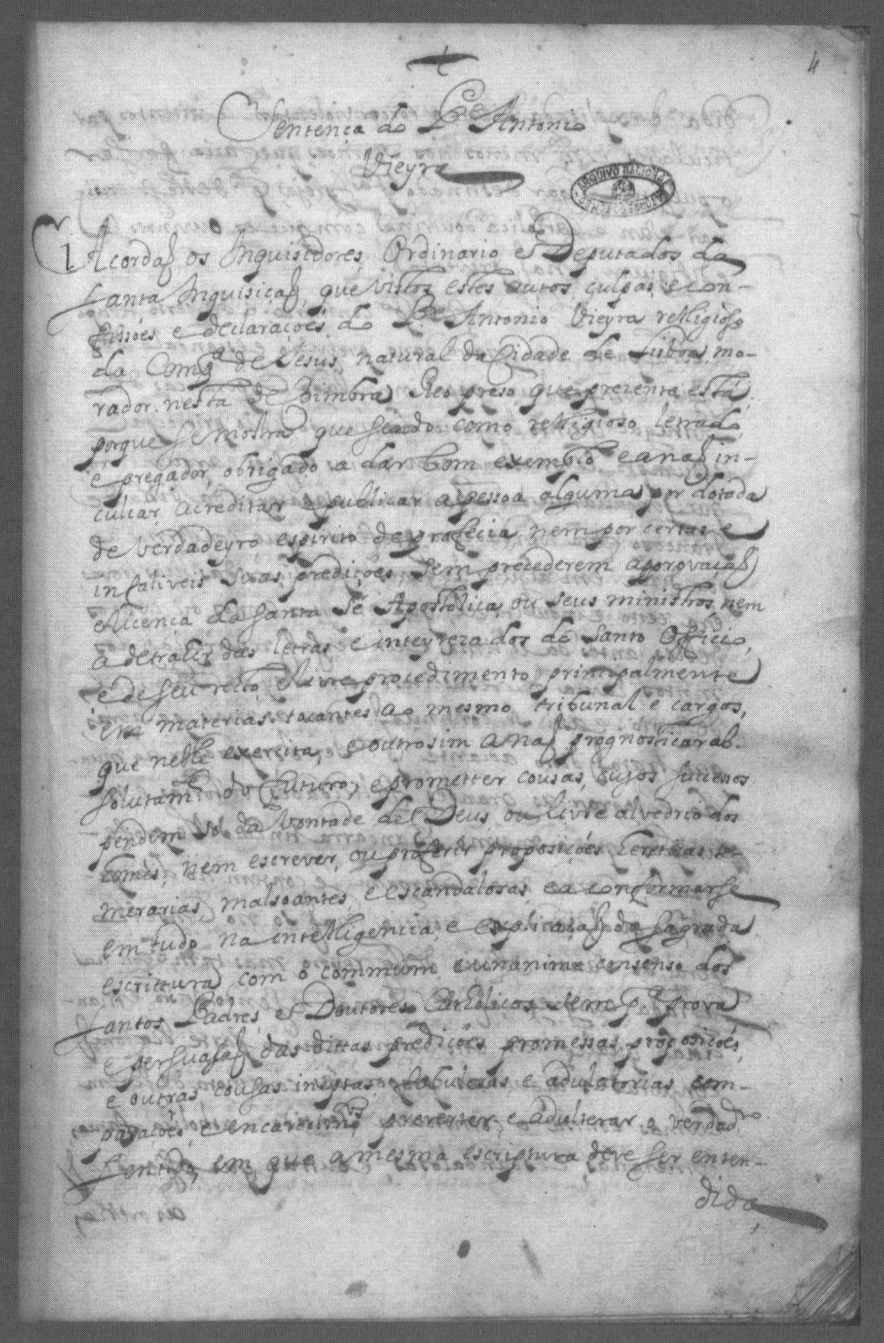

Sentença da Inquisição contra Padre Vieira
23/12/1667 a 08/1669. PT/TT/AJCJ/AJ021. Armário Jesuítico. Arquivo Nacional da Torre do Tombo- Inquisição de Lisboa.

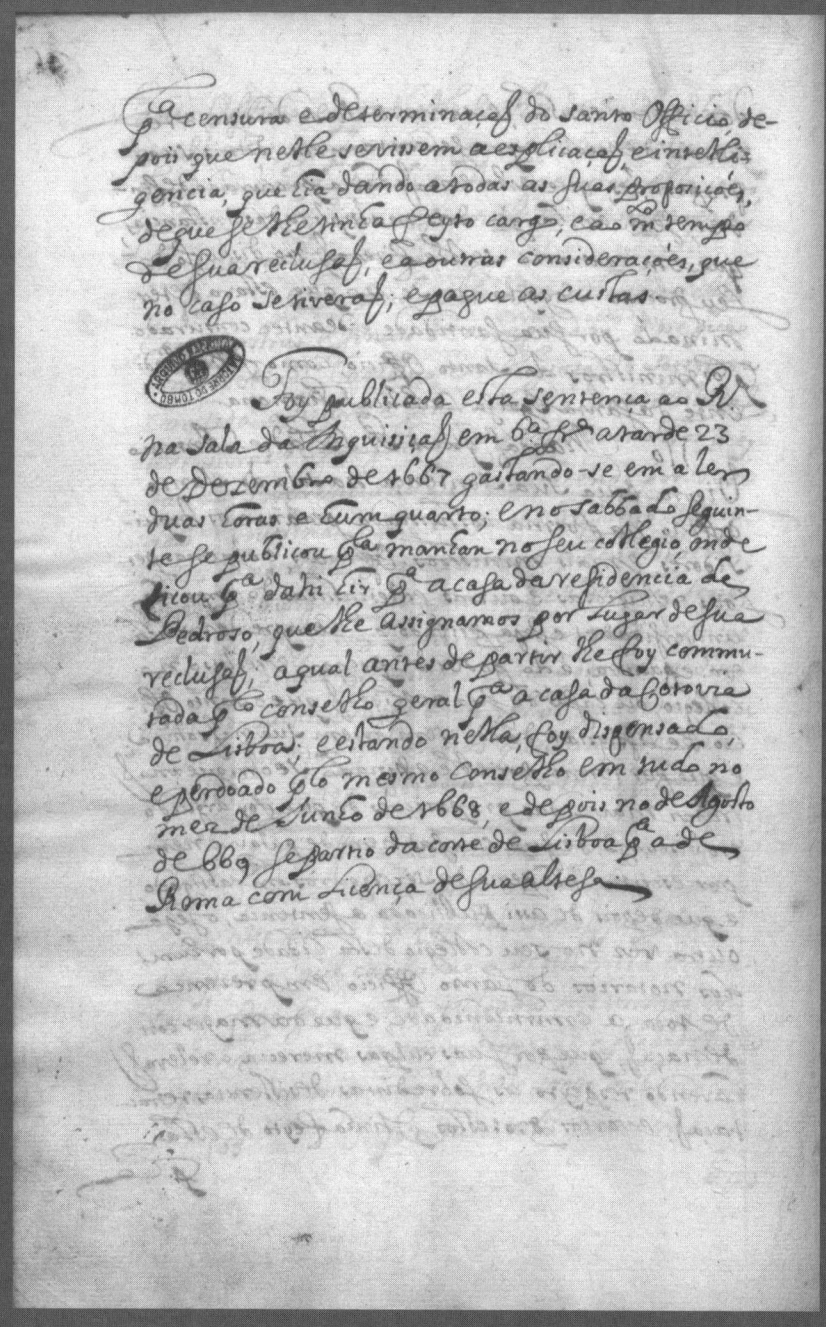

Última página da sentença contra Padre Vieira

... Foi Publicado a sentença em 23/12/1667, gastando-se a ler, duas horas e um quarto e no sábado seguinte se publicou pela manhã em seu Colégio (jesuíta), onde ficou decidido que a casa de residência de Pedroso, será designada para o lugar de sua reclusão, o qual antes de partir, foi comutado pelo Conselho Geral, a casa da Cotovia de Lisboa, estando nela, foi dispensado e perdoado pelo mesmo Conselho no mês de julho de 1668 e depois em agosto de 1669, partiu de Lisboa para a cidade de Roma, com licença de sua Alteza

Capítulo V

Vieira: um homem dividido

Vieira foi um protótipo do "homem dividido", como foram Espinosa, Uriel da Costa, Antonio Nunes Ribeiro Sanches e outros milhares de portugueses que não puderam se integrar no estreito universo político e religioso português.

A análise de seu "mundo dividido" pode levar a ricas formulações filosóficas. Nas Cartas, nas Propostas, nos Papeis e nos Memoriais, Vieira extrapola de longe o meio cultural em que nasceu. Se ergueu acima do medo de seu tempo e de seus textos, e podemos extrair constatações chocantes, como quando escreve: *"todos os homens desejam soberania e não querem estar sujeitos a estranhos"*.

O mundo dividido de Vieira se revelou também na sua última criação, escrita no tempo em que viveu na Bahia, no final de sua vida: o livro *Clavis Prophetarum,* onde manipula e dissimula sua concepção de mundo. Enquanto esteve na Bahia, Vieira conviveu com os mais ricos homens de negócios que chegavam constantemente de Portugal, datando daí a sua amizade com o rico mercador cristão-novo Duarte da Silva, financista do Rei D. João IV, já citado anteriormente. Foi nesse contexto que Vieira compartilhou com esse grupo uma seita milenarista.

Na *Clavis Prophetarum*[58], sua obra prima, padre Vieira retomou seus sonhos de reconciliação entre judeus e cristãos. Leu nas entrelinhas das Escrituras Sagradas sobre o oculto, concluindo que o Reino de Cristo só será consumado e perfeito quando todos os homens, judeus e infiéis, abraçarem a fé de Cristo e, segundo a Lei Antiga e a Lei nova, houver um só rebanho e um só pastor. Mas, a Lei Antiga, quando seguida pelos cristãos-novos portugueses, eram punidas pela Inquisição — muitas vezes com a morte.

Para dar legitimidade às crenças e cerimônias judaicas, fez a proposta mais surpreendente: *"No Quinto Império, as cerimônias judaicas seriam permitidas, porque elas não tinham sido proibidas por Deus, mas sim pela Igreja"*. E continua:

> No Quinto Império, a Igreja iria reconsiderar as proibições e dar aos judeus convertidos liberdade absoluta, para seguir seus próprios rituais, principalmente no Templo de Jerusalém.

Vieira foi ainda mais longe sobre a circuncisão, argumentava em defesa das práticas judaicas que *"era muito difícil para os judeus abandonarem suas cerimônias e hábitos, por isso a circuncisão seria permitida pela Igreja no final dos tempos"*. Dissimulou sua ideia, afirmando que a circuncisão seria permitida não como culto religioso, mas como sinal da Lei Antiga, transmitida por Abraão e Salomão. Como os judeus dificilmente consentiam em abandonar os ritos de seus patriarcas, a Igreja poderia permitir que o seguissem.

O que Vieira manipulou com uma arte magistral foi a sua concepção de Messias, que representava o ponto crucial das divergências e conflitos dos cristãos-novos e cristãos-velhos, como já falamos. Segundo ele, a paz prometida pelo Profeta Jesus ainda não havia se concretizado, mas haveria de se cumprir no último estado da Igreja, no Reino de Cristo consumado na Terra. Como a paz no mundo era

---

[58] Encontramos a seguinte edição: VIEIRA, Pe. Antonio. *Clavis Prophetarum*. Biblioteca Nacional: Portugal, 2000. (N. E.)

o mais importante sinal da era messiânica, o Messias ainda não havia chegado.

Outra ideia que apresentou foi a questão da salvação, um dos conceitos mais discutidos pela Igreja e utilizados para identificar judaizantes. Enquanto no cristianismo a salvação é individual e vem através da Igreja, no judaísmo a salvação é coletiva. Vieira foi, então, ao extremo dos paradoxos, defendendo que a salvação dos homens poderia ocorrer mesmo fora da Igreja.

Colocando todos os judeus já cristãos no Terceiro Estado, na Igreja Universal, onde seguiriam os ritos e cerimônias da sua Lei, transformou todos os cristãos em judeus. Devolvendo a dignidade e a liberdade para os conversos seguirem a lei de seus antepassados, resolveu o problema da impossível separação dos portugueses cristãos dos judeus, pois ambos foram unidos no mesmo território e a profecia bíblica fora aplicada a Portugal e a Israel simultaneamente.

Sua intensa convivência com cristãos-novos se revelou na confiança que depositou em seu amigo, Manuel Mendes Monforte, entregando-lhe o manuscrito de sua *Clavis Prophetarum*. Monforte, ilustre médico formado em Coimbra, foi preso depois da morte de Vieira e levado para os cárceres de Lisboa, onde morreu.

O padre Antonio Vieira guardava em sua alma as Sagradas Escrituras, o Velho Testamento, onde Abraão, Isaac e Jacó eram os filhos que eternamente acompanharão os eternos patriarcas.

"Ouça Deus o nosso pedido, ouça Deus o eterno que nos acompanha".

Vieira queria um só Deus. Mas, perdeu tudo. Foi um grande perdedor... que luta inglória!

Clavis

Prophetarum

verum eorum sensum aperiens
Ad Ecclam Regni Christi in Terris consumati intelligentia assequendā
à

P. Antonio Vieyra Soc.

Jesu

sumō pretio elaborata,
Sed morte praeveniente non absoluta, nec ultimā manu expolita

Opus postumum,

ac desideratissimum
Ad amussim respondens non solum Typo Romam Transmisso,
Sed longe magis Prototypo sub Eminentissimi D.D.S.R.E. Cardinalis

Nonii da cunha

Supremi Totius Lusitana Ditionis Inquisitoris
potestate invento.

1736- Claves Prophetarum: Livro Póstumo, escrito pelo Padre Antonio Vieira e confiado a seu amigo de Salvador, Manuel Mendes Monforte.

Archivio Storico dela Pontificia Universita Gregoriana, APUG 354

Considerações Finais

Podemos resumir as principais ideias de Vieira sobre os judeus em dez itens:

1. Padre Antonio Vieira foi a única voz, no século XVII, que oficialmente falou em favor dos judeus.
2. Dois portugueses, Damião de Góis, no século XVI e Antonio Vieira no século XVII, podem ser considerados os primeiros a afirmar que todo o sofrimento dos judeus se deve ao fato deles não terem uma terra, defendendo o conceito secular de que "o retorno dos judeus a Terra Prometida, não é só uma promessa de Deus, mas um direito legítimo."
3. Foi um pioneiro do sionismo político, pois via a única solução para a "questão Judaica" com o retorno dos judeus à sua Terra, o que deve ser uma prioridade entre os problemas sociais do mundo, como um direito.
4. A Igreja deve conceder aos judeus convertidos ao catolicismo absoluta liberdade para seguirem seus rituais, inclusive a circuncisão. As cerimônias judaicas não foram proibidas por Deus, mas somente pela Igreja.

5. A paz é a condição central para a chegada do Messias e, se a paz não existe no mundo, significa que o Messias ainda não chegou.
6. Judeus e Portugueses são unidos e não podem ser separados. Juntos, formam um só povo, e Portugal é um complemento a Israel.
7. Deus deu um pequeno território aos judeus, para que se espalhassem pelo mundo levando a luz de sua fé e do Deus verdadeiro a todas as pessoas do mundo.
8. O Quinto Reinado não será no céu, mas neste mundo.
9. A redenção de Israel é certa.
10. Qualquer pessoa pode ser salva "fora da Igreja".

Com essas afirmações, Vieira reformula todas as propostas da Inquisição em relação aos judeus e cristãos-novos. Defende exatamente o oposto da ideologia do Santo Ofício e dá ao povo português um entendimento completamente diferente dos judeus, dos cristãos-novos e do seu destino.

Esses princípios são as ideias básicas do judaísmo que Vieira aprendeu nos anos de estudos das Sagradas Escrituras e da íntima convivência com o rabino Menasseh ben Israel. Essa é a declaração do Judaísmo assumido por Vieira.

Não obstante toda a sua vida de luta, Vieira foi um perdedor. Todo seu empenho ao longo de 32 anos, para melhorar a situação dos judeus, de nada valeu. Perdeu em todas as frentes: junto ao Rei D. Pedro, junto ao Papa, junto ao Santo Ofício. Perdeu com seu "Papel Forte" sugerindo a entrega de Pernambuco aos holandeses, perdeu no empenho em trazer os cristãos-novos de volta a Portugal, perdeu na luta pela mudança dos estilos da Inquisição, perdeu no seu sonho messiânico, esperando a redenção do mundo. Quando entramos no novo século, a Inquisição, que havia reiniciado em 1681 suas atividades, com muito maior ferocidade do que antes de ter sido interrompida pelo Papa, continuou seus festivos Autos de Fé. Os cristãos-novos em

Portugal sofreram na primeira metade do século XVIII a perseguição mais violenta, só comparável com a Inquisição Espanhola no primeiro período de seu funcionamento.

Uma incógnita, contudo, permanece. Até que ponto os escritos de Vieira reproduzem realmente o seu pensamento e sentimentos e até que ponto ele os oculta na sua retórica barroca?

Quem entendeu Vieira? No fim de sua vida, suas palavras bem o mostram, quando desanimado com o fracasso da humanidade afirma que *"os juízos dos homens são mais para temer que os juízos de Deus"*[59]. Sua ideia de Deus, em toda sua magnanimidade, em toda sua essência, está contida numa sugestiva passagem de seu discurso, quando defende que:

> Melhor fora, não haver na Misericórdia Igreja, um hospital, porque a imagem de Cristo que está na Igreja é a imagem morta, que não padece. Mas, as verdadeiras imagens de Cristo, são os pobres, são imagens vivas que padecem. Se não houver outro modo, converta-se a Igreja em hospital, que Cristo será mui contente[60].

Vieira continua uma interrogação para os historiadores. Abriu para o mundo, com seu gênio, com seu discurso, o que se escondia atrás das regras do processo inquisitorial, mostrando que este levava automaticamente à condenação de inocentes.

Ao lado dos lances mais esclarecidos e críticos, Vieira entra em argumentos calculados que traduzem o Universo enganoso no qual vivia. Comparando seus textos que tratam dos cristãos-novos, vemos que finge quando bajula o poder. Seu próprio processo na Inquisição evidencia suas dissimulações.

Vieira estava dividido entre sua interpretação das Escrituras, o seu mundo e o "mundo externo", o fanatismo da Igreja.

---

[59] Azevedo, J. Lucio. *História de Antonio Vieira*, tomo segundo, Ed. Livraria Clássica: Lisboa, 1931, p. 391.
[60] Vieira, Antonio. *Sermões*, ed. Lello & Irmãos: Porto, vol. IV, p. 70.

Mas, permanece uma pergunta: O que conseguiu com sua ingloriosa luta?

Vieira foi derrotado como político realista e como utopista. De nada lhe valeram seus esforços em prol da justiça social, como em prol da reabilitação de sua pátria. Fracassou em suas propostas ao rei D. João IV, visando uma solução para a crise financeira de Portugal, fracassou na sua luta pela erradicação do racismo em Portugal, fracassou na questão dos índios e, principalmente, fracassou em todas as suas propostas para a reconciliação entre cristãos e judeus e o retorno dos judeus a Portugal.

Vieira fracassou nos seus ideais sobre liberdade de culto e foi derrotado em todos os seus sonhos de igualdade para o povo português.

Depois de uma vida inteira lutando por seus ideais, Vieira morreu na Bahia, aos 89 anos. Suas últimas palavras foram *"Não me deixam falar, não me deixam rezar, não me deixam escrever, agora... não me deixam morrer"*.

A atmosfera portuguesa estava tão impregnada de fanatismo e obscurantismo que os estudantes portugueses da Universidade de Coimbra, ao saberem de sua morte, queimaram sua estátua em efígie.

Trezentos anos se passaram. O mundo lembra o aniversário de sua morte. Mas, lamentavelmente, a derrota de Vieira continua sendo, no Terceiro Milênio, a derrota de toda humanidade.

CARTAS
DO
P. ANTONIO VIEYRA
da Companhia de JESU
TOMO SEGUNDO.
OFFERECIDO
AO EMINENTISSIMO SENHOR
NUNO DA CUNHA
E ATTAIDE

Presbytero Cardeal da Santa Igreja de Roma do Titulo de Santa Anastasia, do Conselho de Estado, Guerra, e Despacho de Sua Magestade, Inquisidor Geral nestes Reynos, e Senhorios de Portugal.

LISBOA OCCIDENTAL,
Na Officina da Congregaçaõ do Oratorio.

M.DCC.XXXV.

Com todas as licenças necessarias.

Cartas do Padre Vieira ao Inquisidor Nuno da Cunha Ataíde. 1735

PARTE 2
OUTROS ESTUDOS

Capítulo VI

A FAMÍLIA BRASILEIRA[61]

Pesquisas recentes têm mostrado que uma numerosa facção da sociedade brasileira colonial foi constituída de portugueses e brasileiros de ascendência judaica. Judeus viviam na Península Ibérica como um grupo livre e respeitado durante mais de quinze séculos. Apesar de plenamente integrados na sociedade portuguesa e espanhola, os judeus tinham uma cultura judaica própria que, em maior ou menor número, respeitavam e obedeciam: língua, religião, filosofia e literatura, liturgia, tradição, costumes, valores[62].

As diferenças não separavam judeus, cristãos e árabes no cotidiano, nas relações sociais ou nos negócios. Casamentos entre judeus e cristãos eram frequentes, apesar das continuas críticas dos rabinos ortodoxos.

A assimilação dos judeus na Península Ibérica também foi excepcional, completamente diferente do que se passava além Pirineus. Basta lembrar que o rabino Yehuda Halevi, depois de convertido, tornou-se o Bispo Pablo de Santa Maria.

---

[61] Cf. NOVINSKY, Anita. *Rol dos Culpados*. Ed. Expressão e Cultura: Rio de Janeiro, 1992.
[62] Cf. KAYSERLING, Meyer. *História dos Judeus em Portugal*. Pioneira: São Paulo, 1971. Tradução de Gabriele Borchard Correa da Silva e Anita Novinsky. Introdução e Notas de Anita Novinsky; Baer, Itzaac, History of the Jews in Christian Spain,ed. The Jewish Publication Society of America, Philadelphia 1966; Bernard, Haim, 2 vols. The Shephardi Legacy, The Magness Press, The Hebrew University, Jerusalem, 1992.

A passagem de todos judeus de Portugal para o cristianismo foi forçada e violenta, em 1497. Desde então foi proibida a sinagoga, a religião, a língua hebraica, com exceção nos estudos canônicos nas Universidades.

A família sempre ocupou um lugar primordial e central no Judaísmo e assim continuou depois de 1497, entre os cristãos-novos. A tradição judaica, começando com a Bíblia que quando possível os cristãos-novos liam secretamente, uma vez que sua leitura era proibida, sempre enfatizou os valores básicos na formação da judaica.

Apesar de diferente do homem, a mulher se equiparava tanto ao homem quanto aos outros membros da comunidade, e o respeito filial era considerado uma "benção divina" dada ao homem. A mulher não era sombra do homem, ou subordinada a ele, mas a figura central de influência e amor, o "outro eu" do homem, similar e igual, sua auxiliar, num sentido em que nenhuma outra criatura na terra podia ser[63]. Na Cabala, o celibatário é considerado "meio corpo". O homem que não tem mulher é um "banido dos céus"[64]. Essa visão da mulher leva consequentemente a uma concepção sobre a sexualidade que, na família judia, desempenha um papel central, tanto para o homem como para a mulher.

Os judeus em Portugal depois de 1497, transformados todos em cristãos-novos, passaram a seguir sua religião e costumes não mais nas sinagogas e livremente, mas no mais fechado dos círculos familiares, na casa e na clandestinidade.

A Inquisição foi estabelecida em Portugal em 1536. A fiscalização aumentou a ameaça de prisão, morte, confisco e levou sempre que possível a uma intensa emigração para as mais diversas regiões do mundo, mas principalmente para a América.

Para o Novo Mundo, os conversos ou cristãos-novos trouxeram muitas de suas tradições que, de geração em geração, eram ensi-

---

[63] BRAYER, Menchem M. *The Jewish Woman in Rabbinic Literature: A psychosocial Perspective*. New Jersey, 1986.
[64] *Ibid*. p. 56.

nadas aos filhos. No Brasil, os perigos eram outros, mas a Inquisição estava longe. Mesmo funcionando em todo o Império Português, prendendo e punindo milhares de cristãos-novos, os costumes destes lograram sobreviver durante 300 anos. Espalhados por todo território português, situados no âmago da sociedade colonial, ocupando postos oficiais e mesmo pertencendo ao clero católico, os cristãos-novos trouxeram para o Brasil uma tradição, uma religião e uma ética. Esta ética se revela principalmente na estrutura, na visão e na concepção da família[65].

Numerosos trabalhos foram publicados nos últimos anos sobre os cristãos-novos, marranos ou conversos, principalmente na Espanha, França e Israel, porém não existe nenhum trabalho que enfoque a população portuguesa e brasileira de origem judaica, numa perspectiva da família.

Quero frisar, antes de tudo, que este não é um estudo demográfico sobre a família cristã-nova e também que não sou especialista em demografia histórica. O meu interesse sobre a família brasileira surgiu de meus estudos sobre a Inquisição, cujo funcionamento e continuidade só foi possível na base das perseguições às famílias.

As questões que se apresentam num estudo sobre a família cristã nova são numerosas e complexas, e ainda não podem ser respondidas satisfatoriamente.

Existem dificuldades ainda intransponíveis para se reconstruir famílias cristãs-novas, por razão da própria qualidade das fontes que utilizamos, os registros inquisitoriais.

Algumas entre as numerosas questões: a família cristã-nova no Brasil apresenta uma estrutura diferente das famílias de velhas origem cristãs? Os casamentos eram monogâmicos na sua maioria ou apenas em alguns casos? A fertilidade era semelhante às das famílias cristãs--velhas? A imagem da mulher entre as famílias cristãs-novas reproduz a imagem das mulheres da sociedade ampla? A idade do casamento,

---

[65] Cf. NOVINSKY, Anita. *Uma nova visão do feminismo - a mulher marrana.* In *Historia de la Mujer y la Familia*, org. Jorge Nuñez Sanches, ed. Nacional: Quito, Equador, 1991, p. 69-80.

o número de filhos, o ciclo de vida, os valores, as representações indicavam uma visão de mundo diferente da visão de mundo das famílias de velha origem cristã? Em que medida a aculturação foi completa ou houve um sincretismo judaico-cristão, criando um tipo de família marcada por um comportamento que não era nem cristão nem judaico? A aculturação apagou os traços da cultura judaica de origem ou estes permaneceram, apesar de descaracterizados? Uma questão importante: qual o papel que a família representou na preservação do judaísmo durante três séculos no Brasil? Como, por fim, se deu a desagregação da família cristã-nova e como vivenciaram os cristãos-novos os conflitos familiares provenientes da divisão do judaísmo e do cristianismo?

Uma vez que a proposta desta pesquisa se situa no nível de estudos de mentalidade, a questão da medida em que os traços da cultura original judaica se mantiveram e se transmitiram de geração em geração, oralmente, sem livros, sem escolas, sem sinagoga, torna-se fundamental. Quais foram os mitos que alimentaram individual e coletivamente o imaginário e o coração dos cristãos-novos?

Um estudo sistemático e comparativo entre a família cristã-nova e cristã-velha necessita ser feito e, por isso, quero apenas dizer algumas palavras sobre as fontes.Não há nenhuma fonte para o estudo dos cristãos-novos brasileiros além dos documentos pertencentes aos arquivos da Inquisição. A estrutura familiar no Brasil variou conforme a região. Foi uma sociedade multifacetada, móvel, flexível, dispersa e a facção cristã-nova na colônia foi condicionada pela sua situação de facção estigmatizada[66].

Não podemos estudar e conhecer a família brasileira cristã-nova baseando-nos em números de fogos (casas), pois não podemos saber quais eram as moradias de cristãos-novos. Não podemos também usar as fontes e os métodos utilizados pelos estudos sobre a família feito pelos demógrafos e estudiosos do assunto, pois na documentação colonial não aparece a identidade judaica da população, a não ser em

---

[66] Mariza Correa em seu trabalho "Repensando a família patriarcal brasileira" in Colcha de Retalhos - estudos sobre a família no Brasil, ed. Unicamp 1993, nos oferece um quadro retrospectivo critico da historiografia sobre a família.

casos excepcionais. Nem nos registros paroquiais, nem nos índices de natalidade ou de óbitos, nem nos testamentos é possível encontrar o cristão-novo. A única fonte existente são os registros inquisitoriais, através dos quais podemos traçar a genealogia de famílias brasileiras do século XVI até o século XVIII.

Como os membros das famílias cristãs-novas foram, em grande parte, acusados de serem judeus, vejamos rapidamente alguns aspectos do judaísmo em relação à família, à mulher e ao casamento.

A família judaica era, tradicionalmente, vista como a menor unidade social onde a herança cultural e religiosa do judaísmo podia ser transmitida. Todos os membros da família, marido, esposa, pais e filhos estavam ligados por mútuos elos e responsabilidades. Os laços familiares aparecem na Bíblia já com Abraão e Moisés, e uma legislação pertencente especialmente à família é encontrada principalmente no Deuteronômio.

No judaísmo, é obrigação dos pais alfabetizarem os filhos e ensinar-lhes o judaísmo. É proibido ao pai favorecer um filho mais que a outro. Nenhuma obrigação é superior ao quinto mandamento: "Honra teu pai e tua mãe"[67].

A instituição do casamento e da família é exaltada e louvada. É um fato significativo que a palavra hebraica para o casamento "kiddushin" significa "santificação"[68]. O celibato é condenado pela tradição judaica tanto no homem como na mulher. Um judeu que não tem mulher é só metade homem. Segundo o Zohar, estes vivem sem alegria, e a presença divina não acompanha a um homem só. A religião, no judaísmo, supervisiona toda a vida, inclusive os impulsos sexuais que os rabinos não condenavam, como Paulo, como um "mal em si". O casamento era visto como uma instituição necessária[69].

O exílio, primeiro o da Babilônia, depois o da conquista de Tito, deu à família um novo sentido. Com a perda da pátria, a família

---

[67] "Exodo" 20, 12 *abud*. Encyclopedia Judaica, The Mac Milan Company: Jerusalem, 1971, vol. VI. Family, p. 1164-1172.
[68] Ibid.
[69] BARON, Salo W. *Women and Judaism. Myth, History and Struggle*. New York, 1980, p. 121.

tornou-se o elemento social básico. No exílio, a família adquiriu uma nova importância. Só no judaísmo, principalmente no período pós exílio, as relações familiares foram colocadas sob direta vigilância de Deus.

Quando os judeus voltaram do exílio da Babilônia, os profetas exaltaram os retornados a se preocupar com seus lares mais do que com o Templo. Como consequência de determinadas circunstâncias, o lar, a casa, tornou-se um fator vital na sobrevivência do judaísmo e na preservação de uma maneira "judaica de viver". A casa, no judaísmo, é muito mais importante do que a sinagoga ou a escola. É da casa da família que provem a maior força para a revitalização e continuidade do judaísmo. É na casa que se realizam as práticas religiosas e cerimoniais. Um exemplo da máxima comunhão familiar é a refeição feita em conjunto, com todos os membros da família e parentes, um dia por semana, no "shabat", com velas acesas na mesa e o "kiddush", a prece. Também no jantar de Páscoa há o encontro anual da família. Esses hábitos não aparecem como resultantes apenas de uma evolução dos costumes e sociabilidade, mas fazem parte dos preceitos religiosos[70].

Numa perspectiva histórica, foi através da família, com seu conteúdo interno, que o judaísmo e os judeus puderam sobreviver por dois mil anos. Repudiados no mundo exterior, o povo judeu voltou-se cada vez mais para dentro. A comunidade assumiu responsabilidade total pelos membros individuais, protegendo seus interesses, regulando as condições de trabalho, cuidando dos doentes, pobres, órfãos, viúvas e velhos[71].

Não podemos, contudo, nos esquecer de mencionar que existem dois ramos no judaísmo, com diferenças acentuadas principalmente no nível cultural: ashkenazi e os sefardi, estes originários da Península Ibérica. Para estudar a família temos que considerar estas diferenças. Também é importante acentuar que as famílias judias se adaptaram aos diferentes ambientes onde viveram e os comportamentos variaram.

---

[70] Ibid. vol. Inquisição , p. 125.
[71] Ibid. Vol. II p. 291.

Algumas instituições, como o casamento, por exemplo, sofreram muitas variações no tempo e no espaço. A interação do judaísmo com múltiplas civilizações, culturas e sociedades, durante 3.500 anos de história, criou uma grande diversidade de costumes matrimoniais nas comunidades judaicas, através do mundo.

Assim, apesar da origem comum, as práticas judaicas são multifacetadas, e é difícil traçar uma herança judaica nos diferentes países da diáspora, principalmente considerando as diferenças culturais entre ashkenazim e sefardim.

Na tradição judaica da diáspora, a completa responsabilidade pela educação moral e espiritual das meninas cabe à família. Na esfera do casamento, lar e família, a mulher gozava de maior proteção na era rabínica, do que no período bíblico[72]. Apesar do papel típico, as matriarcas Rebeca e Raquel mostram a influencia da mulher sobre o patriarca. O "status" da mulher no judaísmo antigo é muito mais alto do que nas civilizações vizinhas. A maior parte do que se escreveu sobre o papel da mulher na Halakha (Lei Oral) é pejorativo. Na lei judaica antiga, os rabinos se preocupavam com os direitos das mulheres. Apesar de encontrarmos diversas indicações sobre sua subordinação, encontramos também indicações de sua igualdade e até de sua superioridade. Através de toda história judaica, tanto ashkenazi como sefardi, encontramos exemplos de mulheres eruditas, escritoras, poetisas. Em geral as mulheres eram alfabetizadas pelas mães, pois cabia à mãe a responsabilidade de educar a criança. De uma maneira geral, a intelectualidade entre as mulheres judias era exceção, mas comparada com o nível de educação das mulheres do mundo cristão e muçulmano, a mulher judia tinha um nível superior[73].

Depois da expulsão dos judeus da Espanha e da dispersão marrana, as comunidades sefardim se espalharam pelo mundo e se desenvolveram ao longo de diferentes linhas, dependendo do lugar onde viveram. Não temos estudos suficientes sobre as famílias sefardi.

---

[72] LACKS, Roselyn. *Women and Judaism. Myth, History and Struggle*. New York, 1980, p. 121.
[73] Ibid. p. 117.

As culturas se encontram e a vida e o contato cotidiano molda os comportamentos. As influências foram recíprocas e a da tradição hispânico-rabínica não foi a mesma em todas as regiões onde os sefardi se estabeleceram.

Numa tentativa de conhecer a família cristã-nova no Brasil, devemos dizer que escapa a todos os modelos de família judaica sefardi do mundo. No Brasil, os cristãos-novos não conheciam as leis judaicas e seguiam apenas alguns rituais, sem grande entendimento. Com exceção do período holandês, no Brasil não houve uma comunidade estabelecida, organizada, vivendo separadamente dos cristãos.

Tanto na Bahia como no Rio de Janeiro encontramos a família patriarcal vivendo nos seus engenhos, a mulher, os filhos, sobrinhos, parentes, servos e escravos. A sua estrutura e organização acompanha exteriormente o modelo da família patriarcal cristã, mas apresenta alguns aspectos que não são encontrados nas famílias em geral, por exemplo, os filhos bastardos, filhos das relações dos senhores com escravas que eram incorporados à família[74]. O filho bastardo herdava e recebia muitas vezes educação acadêmica em Coimbra. Encontramos também cristãos-novos casados com mulheres pardas que eram por eles consideradas como legítimas.

A família cristã-nova deve ser estudada conforme a região em que vivia e de acordo com o "status" social do grupo. Na Paraíba, por exemplo, as famílias cristãs- novas eram mais apegadas à religião, tinham nível social mais baixo do que do Rio de Janeiro e as mulheres, em grande parte, eram analfabetas. Todos trabalhavam na roça, em terras que não lhes pertenciam, mas eram ajudados por algum rico parente. Os cristãos-novos sentiam grande responsabilidade em relação aos parentes que chegavam do Reino, pobres e fugitivos da Inquisição. Acomodavam-os em suas casas, davam-lhes subsistência, terras para lavrar e depois de algum tempo, estes tornavam-se eles próprios proprietários e plantadores. Na Paraíba, parece que predominava a

---

[74] GORENSTEIN, Lina. *Uma família cristã nova no Rio de Janeiro (século XVIII)*. tese de mestrado na Universidade de São Paulo, datilografia.

família nuclear. Cada casal com seus filhos habitavam suas próprias casas, todas elas situadas no grande engenho.

Apesar de encontrarmos as famílias cristãs-novas já nascidas no Brasil e brasileiras há muitas gerações, não podiam ter a segurança dos antigos cristãos. O chão em que pisavam era sempre movediço. Encontramos o que denominamos de "famílias dispersas". Muitas dessas famílias tinham laços de sangue, mas a maioria não vivia sob o mesmo teto, ao contrário, estavam espalhados pelo mundo: em Portugal, na Holanda, na França, Itália, etc. Apesar de separados, estes indivíduos estavam ligados por laços fortíssimos, de confiança e solidariedade, mantendo estreitas relações comerciais.

Existem dois fatores básicos para um homem ser judeu: a sinagoga e a casa. Para ser judeu é preciso que ele conheça as escrituras sagradas e cumpra as ordens da Lei. Na sinagoga-escola crianças aprendem a ler e a rezar e em casa cumprem os preceitos básicos do judaísmo, as leis dietéticas e a obediência à memória histórica, isto é, guardando as festas nacionais. No Brasil, como a sinagoga era proibida, foi transferida para a casa, que tornou-se o lugar do culto e o espaço familiar se tornou sagrado. A casa tornou-se templo.

No Brasil colonial, somente em casa os homens podiam ser judeus: eram cristãos para o mundo e judeus em casa. Isto teria sido impossível sem a participação ativa da mulher.

Difícil alcançarmos o mundo fechado, íntimo, dúbio e secreto dos cristãos novos. Os documentos inquisitoriais, processos, denúncias, papéis diversos, transportam-nos para o universo clandestino onde a mulher aparece com uma postura diferente da que encontramos tradicionalmente nos livros. A transmissão da herança judaica se deu no círculo familiar e foi feita principalmente pela mulher. A mãe, a avó, tia e vizinha, estão quase sempre presentes nas confissões. O discurso feminino que ficou registrado em cartas, orações, papéis avulsos e confissões, revela a sua adesão a uma mensagem proibida, e que na família era transmitida secreta e oralmente, de geração em geração. No século XVII já não existe mais a bela imagem de uma "esnoga" e uma capela situadas no mesmo engenho, como, por exemplo, o da família Antunes, na Bahia seiscentista, onde cada membro da família frequentava a que mais lhe agradava[75].

A Inquisição foi responsável pela desestruturação das famílias cristãs-novas, pois foi com base na família que ela se perpetuou. Deus estava acima do pai, da mãe, do amor. Apesar das perseguições e dos extermínios, a família se manteve e na casa se construiu a resistência contra a imposição forçada de uma crença. Na família se transmitiu a memória histórica sobre o período bíblico e pós bíblico, passando pela dispersão, perseguições inquisitoriais e massacres. A família cristã-nova transmitia aos filhos, entre dez e treze anos, o segredo e os conhecimentos básicos do cripto-judaísmo que também assumiu as mais variadas formas.

No Brasil, é fundamental que consideremos as diferenças regionais. As famílias do Rio de Janeiro ou os lavradores da Paraíba tinham em comum o mesmo estigma e a mesma exclusão legal, mas pertenciam a um status social diferenciado. A "exclusão" aumentou e consolidou a solidariedade do grupo e, mesmo sem uma comunidade organizada, os cristãos-novos sabiam "quem era quem".

Mas, o regime totalitário tira dos homens toda possibilidade de liberdade. O amor e a solidariedade se apagam, e a colaboração de todos com o sistema é forçada. Num regime totalitário, todos se transformam em colaboradores e, durante o período inquisitorial, pais denunciam filhos, filhos denunciavam pais e os melhores amigos se traíam mutuamente. Havia só uma maneira de não morrer: denunciando a família e os amigos próximos. Quando o réu, perante o Inquisidores, não denunciava a família — pais, irmãos — era considerado diminuto e condenado à tortura e, às vezes, à morte.

Entre o judaísmo que não conheciam e um catolicismo que não aceitavam, famílias cristãs-novas atravessaram toda história colonial vivendo entre dois mundos, irreconciliáveis: o mundo judeu e o mundo cristão. O estudo de seu comportamento emerge dessas con-

---

[75] Cf. NOVINSKY, Anita. *Cristãos novos na Bahia*. 2ª Ed., Perspectiva: São Paulo, 1992.

dições de vida e nos transporta para uma sociedade e para uma mentalidade colonial que ainda estamos longe de conhecer.

O grande desastre da vida judaica foi terem sido obrigados a se tornarem católicos, foi terem que abandonar sua religião judaica, que tinham seguido como sua lei sagrada.

Capítulo VII

Os Bandeirantes: uma nova perspectiva sobre sua origem

Em diversos trabalhos, chamei a atenção para a riqueza e a diversidade da cultura sefardi. Se por um lado produziu ortodoxos, religiosos, messiânicos e cabalistas, como Isaac Abravanel e Menasseh ben Israel, de outro produziu laicos e descrentes, como Espinoza, Uriel da Costa e tantos outros. Mas há um aspecto curioso que não tem sido focalizado pelos historiadores, por não ter sido, praticamente, pesquisado: o espírito de aventura do sefardi, as motivações mais profundas e suas infindáveis buscas para encontrar um lugar no mundo.

Em nenhum outro momento este espírito rebelde e revolucionário dos cristãos-novos se revelou mais criativo e inconformado do que no Novo Mundo. A América foi o exemplo mais notável do espírito de aventura humana, e os judeus tiveram um papel fundamental nessa exploração do mundo.

Temos repetido com frequência que a abertura dos arquivos secretos da Inquisição em Portugal, em 1970, e as pesquisas realizadas nos últimos anos nestes arquivos trouxeram informações surpreendentes sobre a história dos judeus sefarditas (conversos, cristãos-novos, marranos) no Brasil, sobre fatos e episódios que eram completamente desconhecidos, até data recente, dos historiadores. Ficamos conhecendo numerosos fenômenos da história colonial brasileira, totalmente ignorados durante os 500 anos de vida na América. Há capítulos na história da civilização brasileira que precisam ser revistos, completados e rescritos.

É bastante conhecida a atuação dos cristãos-novos como plantadores, cultivadores de cana, de tabaco e de outros produtos de subsistência. Grandes proprietários de terras que estabeleceram-se nas zonas férteis canavieiras, construíram sua Casa Grande, tornaram-se a "elite" da terra. Sobre sua presença no Nordeste brasileiro, alguns historiadores passaram a referir-se até como "Nordeste semita". Mas e no sul do Brasil, em São Paulo? Uma das questões, entre tantas que necessitam de uma completa revisão, é a dos bandeirantes paulistas. Uma história cheia de lacunas e omissões que distorcem, muitas vezes, as interpretações.

Há um personagem na história das bandeiras paulistas que permanece até hoje uma incógnita e um mistério: Antônio Raposo Tavares, a quem devemos — segundo seu principal biógrafo, o historiador português Jaime Cortesão — a formação do nosso território nacional. Revolucionário, explorador, político e idealista, na história dos descobridores, segundo Cortesão, não teve quem o superasse[76].

Durante séculos, Raposo Tavares foi esquecido dos historiadores, nem seu nome, e nem sua biografia foram mencionados. Cortesão chama este fato de "conspiração do silêncio". Toda sua vida está envolta em mistérios, e talvez nunca tenhamos elementos para decifrá-los.

As novas pesquisas genealógicas realizadas nos últimos anos contribuíram para esclarecer alguns pontos obscuros na história do bandeirismo, dos quais o mais importante foi a revelação de que Antônio Raposo Tavares e seus companheiros nas Bandeiras (Salvador, 1976) eram judeus, descendentes dos que foram forçados a se batizar em 1497. Esse fato muda radicalmente as interpretações sobre o quadro da Guerra das Missões Jesuíticas: o ódio mútuo que os bandeirantes e jesuítas nutriam tinha profundas razões ideológicas.

---

[76] CORTESÃO, Jaime, *Raposo Tavares e a formação territorial do Brasil*. in Obras Completas, Ed. Portugalia: Porto, vol. 9, 1958.

A historiografia clássica sobre as bandeiras atribuiu a fúria devastadora com que os bandeirantes atacaram as Reduções jesuíticas às motivações econômicas e rivalidades na posse dos índios. Interesses econômicos teriam feito parte dos planos dos bandeirantes, isto é bem compreensível, mas os documentos mostram que existia uma razão ideológica muito forte que influiu nessa guerra sangrenta. Em 1628, Raposo Tavares eseu séquito de bandeirantes, iniciaram os ataques às Reduções e gradativamente as destruíram. Expulsaram os jesuítas do Paraná e fizeram recuar a expansão castelhana. Em três anos as bandeiras completaram a destruição de Guairá e apossaram-se da terra que foi incorporada ao Brasil. Raposo Tavares tinha se lançado contra os jesuítas com a determinação de acabar com suas aldeias. A destruição das missões jesuíticas arrasou cidades e vilas, deixando-as desabitadas. Os paulistas destruíam as igrejas e quebravam todas as imagens sagradas[77].

Afinal, quem foi esse violento jovem judeu alentejano que, aos 18 anos, se aventurou no Novo Mundo e se tornou, como mencionamos, nas palavras de Julio Mesquita Filho, o "herói de uma das mais famosas façanhas de que guarda memória a história da Humanidade"[78]? O Barão do Rio Branco compreendeu a grandeza de Raposo Tavares e o ergueu à altura do iniciador e principal idealizador da política geográfica de expansão do Brasil pelo sudoeste. Washington Luiz ratificou e ampliou a biografia do grande dilatador do território brasileiro[79].

Como se explica a guerra sangrenta liderada por Raposo contra os irmãos da Companhia de Jesus? Interesses econômicos levariam a tão longo ódio e ferocidade?

Jaime Cortesão foi o primeiro autor que relacionou o fenômeno das bandeiras com o Santo Ofício da Inquisição, e nos apresenta Raposo Tavares como um lutador contra a opressão e a teocracia dos

---

[77] SALVADOR, José Gonçalves. *Cristãos Novos, Povoamento e Conquista do Solo Brasileiro*. Pioneira: São Paulo, 1976.
[78] Mesquita, J.
[79] LUIZ, Washington. *A Capitania de São Vicente*. Senado Federal: Brasília, vol. 24, 2004, p. 352.

jesuítas, defendendo a liberdade de cada homem de resistir a uma religião imposta pela força[80].

Como mostrei no ensaio anterior, os jesuítas foram, no Brasil, os principais agentes da Inquisição portuguesa. No Colégio da Companhia de Jesus era armada a Mesa Inquisitorial para se executar as ordens dos inquisidores e arguir os suspeitos de heresia. Toda correspondência secreta dos inquisidores era enviada de Lisboa para o Provincial ou, na sua ausência, para o Reitor do Colégio[81].

Na América, a Inquisição de Lima agia com uma ferocidade maior que na Espanha. Os jesuítas, durante as Missões, estavam vinculados à Inquisição de Lima e a serviam como seus Comissários. Eram incumbidos de perseguir e prender os bandeirantes judeus que eram acusados dos mais horrendos crimes. Fortes razões levaram à violência dos bandeirantes contra os jesuítas, e devem ser buscadas nas ações do Tribunal da Inquisição de Lima.

Raposo Tavares foi criado pela segunda esposa de seu pai, sua madrasta Maria da Costa, cristã-nova, cripto-judia e fervorosa praticante da religião judaica que, presa pela Inquisição junto com uma parte da família, ficou reduzida à miséria depois de passar seis anos nos cárceres do Santo Ofício[82].

Raposo Tavares provavelmente conheceu pessoalmente todas as cerimônias judaicas porque Maria da Costa, na confissão perante o Inquisidor, relatou diversas tradições que seguia em sua casa. Raposo chegara ao Brasil acompanhado pelo seu pai, Fernão Vieira Tavares, que veio representar Dom Alvaro Pires de Castro, donatário da Capitania de Itamaracá, Santo Amaro e São Vicente, da qual fazia parte a incipiente Vila de São Paulo[83]. Sua primeira missão foi determinar os limites entre as capitanias e, junto com Fernão Vieira, estava sempre seu filho Raposo Tavares, aprendendo a conhecer a nova terra.

---

[80] CORTESÃO, Jaime, 1958.
[81] NOVINSKY, Anita. *Cristãos-Novos na Bahia*, Perspectiva: São Paulo, 1992.
[82] ANTT-IL, *Processo Inquisitorial de Maria da Costa*, 11992.
[83] Segundo Teodoro Sampaio, no final do século XVI, a Vila de São Paulo não ultrapassava 1500 pessoas e a população branca chegava a 200 pessoas.

Raposo casou-se com Beatriz Furtado de Mendonça, filha do bandeirante Manuel Pires. O casamento trouxe-lhe dois filhos, ficando viúvo logo depois. Após 10 anos casou-se novamente com Lucrécia Borges de Cerqueira, também viúva, filha de Fernão Dias Pais, o velho, e tia de Fernão Dias, o "caçador de esmeraldas". Em poucos anos de Brasil, Raposo Tavares já era um bandeirante e sua pequena fazenda, em Quitaúna, hoje região de Osasco, tornou-se um importante ponto de partida para expedições ao sertão.

Os jesuítas enviavam anualmente cartas para a Espanha sobre os crimes dos bandeirantes, queixando-se que eles os matavam impiedosamente. Criaram em torno dos paulistas uma "lenda negra" baseada, segundo Cortesão, em falsas provas.

O líder do antissemitismo na América Latina foi o padre Antonio Ruiz Montoya que inventou todo tipo de calúnias contra os judeus e denunciou Raposo Tavares ao Rei como a figura responsável pela destruição das Missões do Paraguai, e por ter levado seu atrevimento até entrar na jurisdição do porto de Buenos Aires. Quando foi a Madrid, como Procurador da Província Jesuítica do Paraguai, encarregado de pedir auxílio para acabar com os ataques dos bandeirantes contra as Reduções, Montoya conseguiu obter de Felipe IV a Cédula de 16 de setembro de 1639, na qual os bandeirantes eram condenados a perder bens e vida, e acaba ordenando que fossem julgados pelo Tribunal do Santo Ofício, pelos Inquisidores, Comissários, Ministros, "por la experiencia que dobras cosas tienem"[84].

As Bandeiras foram um levante político, militar e revolucionário, tendo destruído Guairá, Itatim e Tape. Os bandeirantes consideravam-se poderosos, faziam despachos sem autorização, nomeavam Capitães Mor e oficiais de guerra, levantavam bandeira e formavam verdadeiros exércitos de quatrocentos portugueses e 2000 índios, entrando armados no Paraguai[85].

---

[84] CORTESÃO, Jaime, 1958, *op. cit.*, p. 35.
[85] CORTESÃO, Jaime, *op.cit.* 1958, p. 35-36.

O monarca Felipe IV considerou a situação muito grave, temeroso que os paulistas chegassem ao Potosií. Ante tão sérias ameaças, ordenou que se proibissem os paulistas de cativarem índios, sob pena de morte, e que todos que servissem e ajudassem às Bandeiras, com dinheiro, armas e munições, seriam punidos da mesma forma ou seriam expulsos do Brasil.

Mesmo sendo uma guerra de interesses materiais, vingança e ódio, a questão religiosa era evocada, pois os bandeirantes eram acusados de cometer vários delitos contra a religião cristã, razão pela qual deviam ser entregues à Inquisição. O "segredo", modelo de funcionamento seguido pelo Tribunal, também é evocado na Cédula Real: "os bandeirantes judeus devem ser entregues 'secretamente' para o Santo Ofício". O padre Montoya, quando em Madrid, pede ao Rei que "abra os olhos" para ver o que preparavam os portugueses.

Os jesuítas, desde o início das invasões, sabiam perfeitamente que os paulistas eram cristãos-novos e os acusavam de ser "judaizantes". Os documentos oficiais, das Comarcas e os testamentos, raramente empregam o termo "cristãos-novos" ou "judeus", pois a sociedade, tanto em Portugal como nas colônias viviam a "cultura do segredo". Desde o estabelecimento do Tribunal do Santo Ofício em Portugal, era perigoso falar e as pessoas se censuravam durante as conversas na própria família. O padre Antonio Vieira, por exemplo, foi denunciado à Inquisição por um companheiro jesuíta.

Na carta enviada à sua Majestade, Rei Felipe IV da Espanha, em 12 de junho de 1632, por Francisco Vasques Trujillo, também vem claramente apontada a origem judaica e o cripto-judaísmo dos paulistas: "judeus encobertos", "falsos cristãos"[86]. Os jesuítas lembravam sempre que os paulistas eram judeus secretos, "eram cristãos e agiam como judeus" e que todos estavam "infeccionados de judaísmo".

Também o padre Nicolas Duran, em 1627, escreve ao padre Francisco Crespo, de Guairá, que a população de São Paulo era constituída de um lado por hereges e de outro por judeus. Refere-se, de um

---

[86] *Anais do Museu Paulista*, Imprensa Oficial do Estado: São Paulo, 1949, vol. XVIII, p. 310-314.

lado, aos paulistas cristãos-novos descrentes e blasfemos e, de outro, aos que faziam secretamente as cerimônias judaicas.

O maior inimigo dos judeus nas Missões, o padre Antonio Ruiz de Montoya, chamado o "apóstolo de Guairá", ainda acrescentava que os paulistas era autênticos aliados de Satanás e que o Diabo intervinha a cada passo junto aos índios, usando vários disfarces para desviá-los da Fé. Os bandeirantes além de judeus e diabos, eram chamados de corsários, piratas, bandidos, fascínoras, bestas e feras, nas crônicas jesuíticas. Historiadores sul-americanos até hoje referem-se da mesma maneira aos crimes desses chamados "monstros". Mas, segundo Jaime Cortesão, as fontes jesuíticas não são fidedignas. Também Basílio de Magalhães, Alfredo Ellis Junior e Julio Mesquita Filho discordam da história que aceita, sem discussão, as fontes de origem jesuítica, pois estas eram manipuladas conforme os fins que desejavam alcançar[87].

Montoya queria que os paulistas fossem julgados exclusivamente pela Inquisição, e os jesuítas ensinavam os índios a odiar os bandeirantes. A iconografia das Missões mostrava Satanás bandeirante, barbudo, tipo bem paulista, agitando as asas[88].

Os jesuítas espanhóis eram muito supersticiosos: acreditavam e repetiam que os paulistas judeus tinham aliança com o Demônio. Em 1639, no auge da expansão do bandeirismo, o Superior da Redução do Uruguai e Comissário do Santo Ofício de Lima, Padre Diogo de Alfaro, que odiava os portugueses, foi enviado pela Inquisição, com a incumbência de prender Raposo Tavares e entregá-lo. Os bandeirantes mataram o Comissário[89]. Quando Montoya foi à Espanha reclamar contra os paulistas bandeirantes e pedir que tomassem providências militares para impedi-los de destruir as Reduções, publicou um livro, *Conquista Espiritual* que, segundo Cortesão, é um livro de

---

[87] CORTESÃO, Jaime, 1958, *op. cit.* p. 26.
[88] CORTESÃO, 1958, *op. cit.* p. 38.
[89] SANTOS, Robson Luiz Lima, *O Antissemitismo na Companhia de Jesus*. Tese doutorado defendida no Departamento de História da Universidade de São Paulo, São Paulo, 2007.

propaganda e tendencioso, cujas ideias foram utilizadas e aceitas por historiadores nacionais e estrangeiros.

Os paulistas não hesitavam em desafiar a religião católica, mostrando abertamente seu desprezo aos dogmas e escandalizando os jesuítas com suas afrontas. O cristão-novo Francisco de Melo, por exemplo, ironizava a "mania de nobreza" dos espanhóis, dizendo que a linhagem poderia, em matéria de nobreza, por-se ombro a ombro com Deus e o Padre eterno.

Entre 1642 e 1648, Raposo Tavares desapareceu do cenário mundial. Onde esteve nesse período? Existe apenas uma documentação que se refere a ele e que fala na sua volta em 1647. Os documentos do Conselho de Guerra do Conselho Ultramarino, a correspondência do Rei e de outras autoridades, não mencionam absolutamente nada sobre Raposo Tavares durante este período. Será que acompanhou a comitiva de seu grande amigo Conde de Monsanto que foi nomeado embaixador extraordinário na Corte de França? Penso que talvez tenha ido à Holanda. Ou ficou em Portugal? Talvez tenha encontrado sua família presa ou "reconciliada"? Ou será que alcançou o Peru? Há varias suposições, mas nenhuma comprovação. Em abril de 1642, Raposo Tavares recebeu os vereadores moradores da vila de São Paulo que lhe passaram uma Procuração, delegando-lhe poderes gerais para responder em toda Capitania, em todo Brasil, no Reino de Portugal, ou onde fosse necessário. Cortesão não esclarece do que se tratava esta Procuração.

Uma afirmação fundamentalmente importante para este trabalho: Jaime Cortesão diz ser absolutamente falsa a proclamação dos historiadores de que os jesuítas defendiam a liberdade dos índios em nome de direitos humanos. São falsas também as alegações de que os bandeirantes eram bandoleiros e impiedosos, pois sua generosidade e capacidade de sacrifício contradizem essas falsas alegações. Cortesão considera que os jesuítas forjaram os crimes dos bandeirantes.

O fanatismo e as superstições dos jesuítas foram combatidos pelos paulistas, iconoclastas e descrentes que reprovavam os dogmas da Igreja. Educado até os 18 anos no judaísmo, Raposo Tavares representou a essência do espírito dos cristãos-novos, já manifestado tantas vezes em pensadores marranos. Foi acusado de não dar extrema unção aos que morriam e de não levar padres nas bandeiras, mas não creio que isto tenha sido a regra, pois havia muitos cristãos-novos entre o clero português, com práticas sincréticas.

Não creio que a maioria dos bandeirantes fossem judaizantes. Hostilizavam a Igreja que identificavam com a Inquisição e, espalhados pelo Brasil, pouco se importavam com a religião em geral. Muitos mantiveram a lembrança de sua identidade judaica, através da história que lhe contavam seus pais e avós. Mesmo indiferentes a qualquer prática religiosa, pequenos vestígios do judaísmo permaneceram em seus costumes. Assemelhavam-se a muitos de hoje, eram "judeus sem religião".

Apesar das fontes jesuíticas não serem consideradas fidedignas, muitos historiadores se basearam nelas para escrever sobre esse período. O famoso Capistrano de Abreu, diz Cortesão, formou suas opiniões sobre os bandeirantes e brasileiros usando os tendenciosos e falsos textos dos jesuítas.

Os jesuítas não formavam um bloco uniforme politicamente, nem partilhavam todos das mesmas ideias. Os jesuítas portugueses, por exemplo, eram suspeitos aos olhos de seus irmãos iniciados espanhóis, e havia ordem do Rei para que fossem presos, pois fomentavam e participavam das Entradas dos paulistas. Também entre os jesuítas castelhanos havia os simpatizantes com os bandeirantes e seus ideais. Para compreender estas divisões não podemos esquecer que muitos cristãos-novos portugueses entraram para a Companhia de Jesus no primeiro século de sua existência. Pertencer à Igreja trazia uma certa segurança contra a Inquisição. A Companhia de Jesus se tornou mais rígida na aplicação dos "estatutos de limpeza de sangue" a partir do final do século XVI, pressionada por outras ordens religiosas. Tornou-se elitista e racista, só permitindo a entrada na Ordem aos "puros de sangue"[90]. Como a sociedade vivia a "cultura do segredo", é difícil conhecer a dimensão do judaísmo mantido pelos bandeirantes.

---

[90] *Op. Cit.*

Raposo Tavares devia ser entregue à Inquisição. Felipe IV despachou uma carta ao Vice-Rei do Brasil para que executasse suas ordens. Mas, quando o Inquisidor-Mor de Lisboa devia tomar as providências para executá-las, eclodiu a revolução que libertou Portugal da Espanha e as ordens de Felipe IV não foram cumpridas. O Bispo e o Inquisidor eram ligados à Companhia de Jesus a à Inquisição, violentos adversários dos bandeirantes, e tomaram partido contra a independência de Portugal.

Pouco sabemos sobre a vida privada de Raposo Tavares e a intimidade de seu lar é desconhecida. Algumas atitudes que tomou durante sua vida provam seu espírito de independência e seu forte caráter. Entretanto, em torno de Raposo Tavares, nas palavras de Cortesão, criou-se a "conspiração do silêncio", cuja razão não foi até hoje compreendida. Verdadeiro explorador de um continente, Raposo foi em seu tempo totalmente ignorado. Nas obras impressas durante sua época, fala-se sobre sua incomparável expedição, mas não se mencionou seu nome nem de seus companheiros.

Cortesão pergunta abismado: como se explica este silêncio?

Conhecida a origem judaica dos bandeirantes e o ódio que os jesuítas tinham deles, erguem-se novas hipóteses: teria o antissemitismo da política inquisitorial e do Estado, influído no desprestigio que sofreu Raposo? A historiografia clássica também sofreu influencia da literatura jesuítica que intencionalmente conspirou para o silêncio que pairou sobre Raposo Tavares? Durante séculos, historiadores não falaram sobre seus feitos. Cortesão procurou demolir certos mitos e a "lenda negra" sobre os bandeirantes, inventada pelos jesuítas e aceitas pelos historiadores em geral. Os fatos que os jesuítas contam não são verdadeiros e as Cartas Anuais estão cheias de milagres e interpretações sobrenaturais. Montoya e seus companheiros estavam constantemente em combate com o demônio e demais espíritos, e todos os dias anunciavam novos milagres. Contudo, não podemos generalizar o comportamento e o fanatismo dos jesuítas nem minimizar sua obra, que tem aspectos construtivos e abnegados, mas há um mundo que separa a mentalidade de determinados jesuítas espanhóis da mentalidade de outros, como a do Padre Antonio Vieira.

A partir da conversão, em Portugal, de todos os judeus ao catolicismo (1497) e do estabelecimento de uma Corte de Justiça — a Inquisição (1536) — para vigiar e punir os cristãos-novos suspeitos de praticarem o judaísmo, dividiu-se a sociedade portuguesa em "puros" e "impuros". Duas visões de mundo, duas mentalidades irreconciliáveis. Os convertidos voltaram-se cada vez mais para fora, para o mundo, para as inovações nas Ciências, na Medicina, nas Letras. Muitos judeus sefarditas da quarta e quinta geração, após a conversão, iniciaram uma vida de aventuras e mudaram sua concepção de mundo. Será que o mistério do desaparecimento de Raposo Tavares não espelha as duas visões de mundo, de um lado os repressivos regimes absolutistas e da Contra Reforma e, de outro, a liberdade? Será que o espírito das Bandeiras não terá influído na formação do Brasil que transcendeu o aspecto territorial?

O medo da Inquisição impôs em todo português uma auto censura e uma "cultura do segredo". Os "puros" — fidalgos, nobres, clero, puritanos, voltam-se para o passado, interessados em preservar o Antigo Regime e seus privilégios. Estes "puros" não se aventuravam em ir para a América, arriscar morrer nos naufrágios, de malária ou devorados pelos índios. Quem procurava embarcar para o mundo desconhecido era quem não estava bem em Portugal, sempre com a vida em perigo — os cristãos-novos. Segundo viajantes e testemunhos contemporâneos, três quartos da população branca do Brasil, no séculos XVII, era constituída de judeus[91].

Os bandeirantes judeus, Antonio Raposo Tavares, Pedro Vaz de Barros (fundador de São Roque, em São Paulo), os irmãos Fernandes (fundadores de Sorocaba, em São Paulo) e tantos outros, foram, para Jaime Cortesão, os desmistificadores do universo. Sabemos que eram iconoclastas mas em que, realmente, não sabemos.

---

[91] NOVINSKY, Anita. *Cristãos-Novos na Bahia*, Perspectiva: São Paulo, 1992.

Raposo Tavares foi colocado no pedestal dos "homens que fizeram o Brasil". Podemos dizer que, como todos os cristãos-novos, representava, com sua avidez de liberdade, a herança dos profetas e a essência do espírito que o judaísmo legou aos seus descendentes: os convertidos são um exemplo da continuidade dessa herança.

Antonio Raposo Tavares descendente dos "forçados" ao catolicismo, não consta, como judeu, em nenhum livro clássico de história do Brasil ou de história judaica. Como inimigo do Santo Oficio da Inquisição, guerrear contra os jesuítas espanhóis era lutar contra a instituição que matou milhares de outros judeus, muitos inocentes, como escreveu o padre Antonio Vieira.

Raposo Tavares pertence pois à história do Brasil e à história dos judeus. A história não lhe fez justiça, nem os seus contemporâneos. Um mistério envolve sua vida. Muitos bandeirantes foram recompensados pela sua brilhante obra, alcançaram cargos, títulos, benefícios. Raposo Tavares não recebeu nenhum reconhecimento, absolutamente nenhum. Por quê? Ficou incógnito. Por quê? Representou os contestadores dos regimes de opressão e do fanatismo. Por que foi vítima de uma "conspiração do silêncio"?

Como escreveu Jaime Cortesão: "agora levanta-se a tampa de granito de um sepulcro, onde dormia um gigante".

Os estudos sobre os bandeirantes judeus e sua mentalidade constituem ainda uma pesquisa inédita, cujos resultados, espero, possam em breve acrescentar uma mais ampla dimensão à história paulista, brasileira e judaica.

PÓSFÁCIO

CARTA DO JOVEM ALUNO AO PROFESSOR[92]

"Caro Professor,
Eu sou um sobrevivente de um campo de concentração. Meus olhos viram o que nenhum ser humano deve testemunhar. Câmaras de gás construídas por engenheiros brilhantes. Crianças envenenadas por médicos ilustres. Recém nascidos envenenados por enfermeiras formadas. Mulheres e bebês assassinados e queimados por gente formada em Ginásio, Colégio e Universidades.
Por isso, caro Professor, eu duvido da educação. Eu lhe formulo um pedido: ajude seus estudantes a se formarem humanos. Seu esforço, caro Professor, nunca deve produzir monstros cultos e eruditos, psicopatas e Eichmans educados. Ler, escrever e aritmética são importantes somente se servirem para tornar nossas crianças mais humanas".

---

[92] Trecho de uma palestra da Profa. Dra. Anita Waingort Novinsky em 28/07/2003.

Anexo I[93]

Cartas do Padre Vieira citadas nesta obra

Nesta primeira carta, o Padre Vieira desvenda todas as armadilhas da Inquisição e as situações colocadas ao cristão novo no enfrentamento á instituição e na preservação de sua vida. Começa dando um exemplo do caso de um homem que ao ser preso pela Inquisição portuguesa, engoliu um bilhete que continha informações que poderia condená-lo como culpado do crime de judaísmo. Mas Vieira argumenta que a Inquisição muitas vezes prende inocentes, como no caso de outro homem que condenado ás galés (trabalho compulsório no porto), descobriu-se, anos mais tarde, que era cristão velho, portanto, não saberia como praticar o judaísmo secretamente. Também afirma no documento que muitas vezes o réu confessa ser judeu como uma tentativa de escapar da morte na fogueira[94]. No documento Vieira demonstra toda a dificuldade que enfrenta uma pessoa que é presa pela Inquisição. Toda a injustiça do processo inquisitorial, mostra a dificuldade de defesa e a importância da denúncia.

---

[93] As cartas a seguir são transcrições literais dos documentos originais que a autora teve acesso. Com a ajuda da coordenadora da obra, Daniela Levy, acrescentamos notas à transcrição a fim de que seu conteúdo se torne mais compreensível ao leitor pouco habituado à língua portuguesa do século XVII; sem que se perca nesse caminho editorial, obviamente, o teor máximo de originalidade das cartas. (N. E.)
[94] A única forma de escapar da morte na fogueira na Inquisição, seria confessando a culpa, pedindo perdão e denunciando a todos de sua convivência.

Carta do Padre Antonio Vieira respondendo ao Amigo: sobre os Judeus de Portugal
[sem data]

Amigo, não posso negar a razão que mostrais ter nesta vossa resolução, e me conformo muito com ela porque aos judeus supondo que o são senão deve dar algum crédito: eu quero seguir a vossa opinião negando absolutamente quanto aquele papel se contém: mas não imaginei que sendo tão grande bocado o engolireis inteiro sem o mastigar, porém como o achastes vinagre não vos atrevestes a ir-lhe tomando o gosto, e acha-se a razão porque só alguns familiares —tendo ouvido falar bem nesta causa dizendo que este negócio se assentando este modo que a verdade do Santo Ofício se deve defender como a lei desta forma.

Ora, meu amigo, suposta a validade do papel não fazendo dele nenhum caso, vos peço e tireis de algumas dúvidas, visto vosso literalmente, com as quais estou engajado há muito tempo, porque concebendo-as o entendimento íntimo que creia ainda o Santo Ofício temeram então saber a luz e fazendo-o agora mostraram ter de serem, certo é nisto estas dúvidas, sem o risco de nos julgarem por mal sentidos dos procedimentos do Santo Ofício vos quero propor ao que tenho a este respeito, para que cedo nelas como luz do vosso entendimento me tomeis da inocência em que vivia.

O primeiro conceito que neste mundo tomei a favor da gente da nação foi por causa de um, para mim, notável caso entre outros muito semelhantes que neste Reino sucederam de um miserável homem que esteve na galé porque saiu em um auto de fé afogueado e no cabo de alguns anos se achou de ser cristão-velho, e que estava inocente. Açoitaram as testemunhas que falsamente tinham jurado contra ele e as mandaram para a mesma galé, e ao dito homem para a sua casa.

Não se pode negar terem sucedido estes casos muitas vezes, pois foram e têm sido muito públicos e há satisfazeres-me as dúvidas deste para eu tornar a ficar anjinho com de antes.

Este homem que estavam para queimarem, era inocente: confessou que era judeu sem o ser, porque temeu a morte. Confirmar que era judeu, é cousa fácil, porque estava na sua boca, porém acertar com as testemunhas que derem nele como podia ser isto era muito difícil, mas não era totalmente impossível porque tinha o remédio de dar em todas as pessoas da nação que conhece até acertar com as suas testemunhas, que de outro modo não podia ser estando inocente acertar com todas.

Já temos como podia acertar com as testemunhas: pergunto agora; como podia contestar com elas? E enquanto vos mo não direis, eu o tenho por impossível, e me não posso capacitar de que este homem estando inocente pudesse de modo algum, contestar com as testemunhas, que falsamente juraram contra ele: logo não há contestação e se segue que a este homem só obrigaram a confessar e que não o obrigaram a contestar[95].

Este homem podia ter contra si ou uma conspiração ou ter todas as testemunhas singulares, e se este homem tinha contra si uma conspiração de testemunhas contestes concordando todas umas com as outras em seus ditos e ainda assim o não obrigaram a contestar com elas, pois o não podia fazer estando como estava inocente, mal poderiam obrigar a contestar, aquele que não tiver contra si prova tão cabal de que se infere não obrigarem ninguém a contestar: e se este homem tinha contra si somente a prova das testemunhas singulares sem ne-

---

[95] Nessa parte Vieira explica que é muito difícil para uma pessoa que está presa na Inquisição adivinhar todos os indivíduos que o denunciaram, pois a denúncia era secreta, o que dificultava para o réu fazer a defesa dos crimes pelos quais estava sendo acusado. (N. E.)

nhuma concordância, e por isto o não obrigaram a contestar com elas, como por estas mesmas testemunhas o queimavam.

Se este homem não confessava, morria negativo. Já temos logo que pode morrer um homem queimado por negativo estando inocente. Se este homem não acerta com as testemunhas todas que o tinham acusado, morria por diminuto. Já temos também que pode morrer um homem queimado, confesso e diminuto estando inocente. Se este homem, finalmente confessando assim e vendo assim que sem embargo disso morria por não poder acertar com todas as testemunhas, para descargo da sua consciência, se fora desdizer, revogar tudo quanto tinha confessado, pois fora falsamente e declarava que assim o fizera só para remir a vida, morria com sentença de confitente, e como tal mérito feito falso, fingido, simulado, pertinaz e impotente: logo, já temos mais que contados estes títulos, pode um homem morrer estando inocente.

Daqui se colhe que já temos por sem dúvida que pode um homem morrer queimado, estando inocente. Os Senhores Inquisidores sabem de certo que já assim morreu algum...[96] e há poucos anos vimos que saíram umas testemunhas falsas dizendo-se nas suas sentenças que por falsárias causaram com seus juramentos, danos irremediáveis: eu não sei que possa ser dano irremediável senão o da morte! E se temos a certeza de que podem assim morrer muitos inocentes, de que já assim morreu algum como temos dito, por que não poderemos presumir que assim mesmo serão? Todos aqueles a que a Razão nos está persuadindo. Vai um homem a queimar por negativo ou diminuto que morre...[97] porque só a Lei de Cristo Jesus conhece, tem por verdadeira e que só nela há salvação, e que todas as mais são falsas, erradas e que crê em tudo o que crê, tem e ensina a santa Madre Igreja de Roma e saindo outras semelhantes que dá fé e finalmente invocando o Santíssimo Nome de Jesus até o último bocejo nos crer este homem morreu judeu.

---

[96] Os "..." são partes da carta original que estão incompreensíveis ou faltantes. (N. E.)
[97] Um réu negativo era aquele que negava o crime do qual estava sendo acusado, e o diminuto era o que não havia denunciado a todos que conhecia (familiares, amigos, parceiros de negócios). (N. E.)

Muitas pessoas de piedade e zelo cristão movidas de compaixão de que um homem daqueles queira perder a vida e a alma, vai ver se pode redizer, inverter e começa de lhe argumentar com as razões que aqui apontaremos porque todos pouco mais ou menos vem ao por nelas, falam com um negativo e dizem-lhe: vem cá homem, és racional terminas as tuas ações algum? Diz-me que entendo é seu ou que lavra se move a quereis perder a vida, morrendo e padecendo uma morte tão cruel.

Uma de quatro coisas te podem mover a essa resolução: ou pela observância da tua lei ou pelo crédito da tua honra, ou pela tua fazenda, ou pela lealdade que quereis guardar aos cúmplices do teu direito, e não sei que possa haver outras coisas que intriguem: Se dizes que pela observância da sua lei mentes, porque se morres por ela como estando e publicando que só a de Cristo é verdadeira e que só nela morres, chamando pelo nome de Jesus. E se isto me respondes que o fazes assim porque basta teres a sua lei no coração para te salvares nela, porque esta não depende da palavras, mas porque sendo assim, confessando tu que és judeu pouco importa que depor com as palavras, que queres ser cristão que é o que basta para te livrares da morte, fiando-te com a tua lei no coração, como fiam todos os mais judeus que confessam e que um matar por não negar a sua lei, isso é que todos devemos fazer, especialmente os católicos, porém que uma pessoa, podendo viver confessando a sua lei, morra pela negação, é impossível de crer ainda de nenhum bárbaro.

Se dizes que pelo crédito da tua honra é falso: porque nenhuma pessoa jamais houve que se afrontasse de confessar a sua lei, nem que se desprezasse dela, quanto e mais por morreres queimado... suas por isso... afrontado com teus parentes.

E também a isto me respondes que se confessas que és judeu ficas infame para com os cristãos, também ficas honrado e acreditado para com os judeus, para com os quais só deves querer o crédito e honra como Reis nacionais e aqueles com quem vivestes e podes viver: além de que se assim morrer, para com todos perdes essa honra e crédito porque te entregas à morte, para com os cristãos porque de qualquer sorte serás delas avaliado por judeu infame, muito mais afrontado morrendo queimado do que vestindo um sambenito, como a experiência em outros te terá mostrado; para com os judeus porque com tantos sinais exteriores que dão de que morres cristão, vai escandalizando com blasfemares da sua lei, deixando-os pelo menos em dúvida se és ou não és cristão.

Se dizes que pela tua fazenda e por veres se a podes livrar é manifesto ingênuo, porque isso podia somente ser a lhe ver se ter nela e condenavam à morte porém, depois já sabes que não livras nem podes livrar a tua fazenda nem para ti nem para os teus.

Se finalmente dizes que por querer guardar lealdade aos cúmplices e os não quereres entregar, declarando-os também é mentira porque é impossível de crer que queiras guardar essa lealdade e dar a vida por quem porta não dar ou guardar com os teus testemunhos te tira a tua, pois se lhes tiram tiveras acusado, é certo não morreras tu nem chegareis a tão miserável estado, fineza, suma bondade de dar a vida pelos mesmos que lhe tiraram, só se acha nos filhos de Deus, que nos homens principalmente nos judeus, só se achou darem a morte a quem os tirava dela.

Pois, se por nenhuma destas razões é possível queiras perder a vida, se é possível que possas ter outras, dirias ou que é bruto ou não tens de razão nenhuma. Ora, ouçamos este homem a ver se tem que responder nestes argumentos.

Diz ele: Tendes evidentemente mostrado ser impossível razão que sendo eu judeu me deixe morrer pelo negar. Pois se tendes isso por impossível, por que credes que sou eu judeu? Vos é mais fácil de crer esse impossível contra o vosso entendimento do que creres que eu sou cristão? Ora, supondo que esse vosso argumento era uma aguda espada que tinha a ponta virada para mim, agora viro para vós a mesma ponta, com vosso mesmo argumento vos mostro que é impossível o seu eu judeu e morrer pelo negar.

Dizes-me, que razão tem para crer de mim esse impossível de ser eu judeu e morrer pelo negar e se sabeis dar, eu vo-la darei a vós: a razão que tendes para crer de mim esse impossível é por não crer que eu sou cristão, porque este é para vós outro impossível e, assim vo-lo quero mostrar de maneira que confesseis em que vos... que não é impossível ser eu cristão.

Dizes: é contra a razão o ser eu cristão? Confesso eu que o sou sim, mas sem embargo disso está julgado pelo mais reto Tribunal que pode haver que tu és judeu, e não te julgaram por tal sem ser verdadeiro.

Confesso a pureza do Tribunal e a retidão e a verdade de seus ministros, mas dizei-me: algum desses ministros viu-me judiar? Não. As testemunhas que tenho contra mim quem são? Serão porventura algumas pessoas santas e timoratas? Não. As testemunhas que tenho contra mim ou são judeus ou são cristãos. Se são judeus é possível que mintam? Sim: e se eu não for judeu como eles, ter-me-ão ódio? Sim, terão. Parceiros que sendo judeus e tendo-me ódio juram falsamente contra mim? Não. Se forem cristãos, não é certo que juravam falso e assim o fizessem por algum respeito contra si, contra mim, pois sendo cristãos não podiam jurar que eu era judeu, sem se condenarem também a si, assim é: pois se tudo isso é possível e se tem visto muitas conspirações destas, houvera alguma razão particular em mim para que me não possa suceder o mesmo que tentas, verás tem sucedido a outros? Não. E o poder haver essa conspiração contra mim será porventura contra o crédito do Tribunal ou da inteireza, retidão e pureza de seus Ministros? Não. Possível é logo que sem desabono algum do Tribunal e dos seus ministros, possa eu ser cristão e estar inocente.

Suposto este possível, pergunto agora e peço-vos conselho. Sendo eu cristão e achando-me inocente será bem certo que negue a fé que creio e que professo dizendo que sou judeu, só para salvar a vida? ... bem, que não bastando para isto somente o direito, me seja necessário jurar falso, não só contra mim, mas contra toda a minha geração, contra todas as pessoas que conhecer a lhe acertar com as minhas testemunhas que me acusaram, impondo em mim e nelas contra toda a verdade um bom grau e horrendo crime e sobretudo, será razão que me ponha no perigo de que se ainda assim não acertar a morrer por diminuto, perdendo a vida que juntamente a salvação da alma, achando-me com tão grandes embargos de consciência à hora da morte, que me respondereis? Que me aconselhais? Claro está que se és temente a Deus me direis: que sou cristão me disse antes de morrer mil vezes, pois concluamos de uma vez, pelos vossos argumentos provais ser impossível a toda razão que eu sendo judeu me deixe morrer pelo negar: pelas minhas razões confessais ser possível ser eu cristão, estar inocente. Pelo que me dais, direis que sendo cristão devo antes mil vezes morrer, que confessar falsamente o que não fiz pois se me vedes morrer por não confessar o que não fiz e por não confessar que sou judeu, e só confesso a público que sou cristão, e até o último instante protesto que só nesta fé creio e quero viver e morrer e nela me espero salvar com todas as demonstrações e afetos de verdadeiro e fiel cristão que me são possíveis, que razão tendes para crer o impossível de que sou judeu, e não quero o possível racional de que sou verdadeiro cristão.

Passemos adiante e vamos a um diminuto, que morre por não acabar de confessar e digamo-lhe: Homem, por que morre se tens confessado parte ou a maior parte de tua culpa e pedido dela perdão e misericórdia, é certo que já não morres pela tua lei, nem pela tua honra, nem pela tua fazenda, nem por encobrir os cúmplices, por que te deixais logo morrer? Por tua vontade? Acaba de confessar enquanto tens tempo para o fazer e te pode melhor aproveitar para que possas merecer o perdão, que se te dizia dar e viverás[98]. Se me dizeis que não tens mais culpa alguma que confessar, e que se a tens se não lembra, não te quero crer porque fora supor nos senhores inquisidores é uma crueldade, tirania tão grande, como é pequena uma pessoa pelo que não fez, ou pelo que é factível lhe esqueça quando tem confessado o mais o que é impossível de presumir-se, antes muito pelo contrário — eles que te condenam, é certo que estás culpado ainda e que te tem dado todas bastantes para te lembrar de todas aquelas coisas que te podem esquecer, pois logo não declaras se te dão para isso todos os

---

[98] Nessa parte do documento o padre fala das armadilhas do processo inquisitorial, pois se o réu confessava a culpa, acabava com todos os bens confiscados, mas se negava a culpa acabava morrendo queimado. (N. E.)

sinais do lugar, do tempo e de todas as mais circunstâncias do que falastes ou fizestes pode ter (ser) esquecer-te coisa alguma destas clarezas, pois por que não acabas de confessar? e não fazer mal com a tua confissão e declarações a alguma pessoa, não sabes que com isso lhe não podes fazer mal, nem bem, pois ele já tem declarado isso mesmo que tu lhe queres melhor e tem dado em ti, porque se assim não fora eles senhores não adivinhavam a tua culpa para nelas por tudo isso... sabes também que essa tal pessoa como já tem confessado lhe não de coisa alguma o não dares nela se lhe... muito por ela disso nem te pode agradecer essa fineza, nem livrar-te por ela do miserável estado em que te achas, nem ainda louvar essa tua lealdade porque, como já tens confessado em parte, sempre há de presumir que deste nela e que se morre é pelo que te esqueças, ou pelo que não sabes ou por outro particular respeito? Também sei isso: pois porque não dás nessa pessoa.

Ouçamos também esse homem e vejamos o que nos responde a estas convincentes razões. Diz este homem:

Senhor que me argumentais se jus todas essas razões que eu conheço serem indubitáveis, e não pode haver nenhuma que me obrigue não confessar inteiramente as minhas culpas se as tivesse cometido, o que é impossível a toda razão que eu queira morrer por ocultar. Dizei-me, tendes por impossível que essa pessoa que presumes que encubro, me acusasse e desse em mim falsamente, por imaginar talvez que eu tivesse feito o mesmo contra ela? Não. Pois não poderão ser assim todos eles, que eu tenho por testemunhas contra mim, com quem não possa nesta parte inocente? Claro está que tudo é possível e que o morrer eu por ocultar essa pessoa, é impossível, que razão tendes para crer o que concluis impossível e não o crer o que confessais possível. Ao assim posto e assentado não só por possível, mas de fato certo, vamos à outras dúvidas que se me oferecem não de menos momento nem menos dignas de ponderação. E se vos parece impossível que no modo de proceder do Santo Ofício, segundo seus estilos possa haver conspirações e falsidades, morrer ali alguma pessoa inocente. Dizei-me em que razão se fundaria o fazer-se um Regimento de que se não pudesse acusar nenhum cristão-velho por judaísmo. É certo que se foi porque se conheceu, experimentou que os judeus por ódio da nação cristã deram neles, e com efeito por essa causa se castigavam muitos pois se por ódio dos cristãos-velhos deram neles os judeus, por que não fariam? O mesmo ódio e com mais razão os que sendo da mesma nação não forem judeus como eles, e estes tais como hão de se defender nesta casa. Dizei-me porque eu de nenhuma sorte o posso acusar. Estes cristãos-velhos que são castigados por judaísmo, antes do Regimento serão inocentes ou culpados? Inocentes o modo de proceder do Santo Ofício, não livre nem pode livrar ou dar livramento aos inocentes, por que o não deu ou livrou a estes? E se na realidade são culpados, dizei-me, que razão haverá para que naquele tempo houvesse cristãos-velhos judeus e hoje os não possa haver? A resposta que isto tem é verdadeira eu a direi; É porque naquele tempo para os cristãos-velhos havia Inquisição. E sabeis por que ainda hoje há cristãos-novos judeus? Porque ainda para eles há de Inquisição.

 Suponho por certeza infalível que se não pode negar que este Regimento se fez porque de outro modo se não podiam negar, digo, livrar os cristãos-velhos destes testemunhos dos judeus. É certo que foi muito bem feito porque, se o não fizessem assim, nem os mesmos inquisidores escapariam.

 E suposto que ainda assim com este Regimento não podem livrar a todos os cristãos-velhos, pois não podem livrar aqueles que por sua desgraça tem contra si só a fama de judeus, livrar os que não têm porque se nós temos um naufrágio naquele mar, ainda que conheçamos que não podemos salvar a todos os que nele nem por isso perdemos a obrigação de acudirmos os que pudermos.

 E assim da consequência que eu daqui tiro é só mostrar que os católicos, a forma de processar do Santo Ofício é de maneira que não se podem ali distinguir nem separar os inocentes dos culpados em que se mostra que pé Tribunal só de homens em que não há anjos que separem os bons dos maus *"Et separatunt malos de medio justorum"*. Nem é este Tribunal aquele Juízo Final e eterno em que se possa fazer esta distinção sem erro e conhecimento certo de verdade.

Pois para que serve logo aquele impenetrável segredo tão instigável, o entendimento humano, entendo ser este segredo aquele que Nosso Senhor revelou somente aos ignorantes, pois os sábios entendidos o não alcançam, se o mesmo Deus em cuja suma verdade e justiça se não pode duvidar, tendo julgado a cada um de nós em seu juízo particular, dispôs fazer um universal e público a todas as criaturas em que lhe manifesta se todos conhecessem claramente com os seus olhos os processos das culpas ou virtudes de todos, e a puríssima e verdadeira retidão de sua justiça Divina, com que os julgou por dar dela geral satisfação a todos, porque se nos não fora público e manifesto o processado e o procedimento de um Tribunal, e ainda que santo e justo e humano e de homens como deles se pode e ainda tem culpa grave errar e o menos para se tirarem da dúvida os escrupulosos e desconfiados e não tenham nem as mãos de que a possam arguir e, assim, se possam todos satisfazer.

A resposta que eu estou vendo me dais a ser que deste Regimento a de tudo o mais e de tudo o mais que tenho dito é aquela que todas ... que é impossível haver cristãos-velhos judeus, e que dos cristãos-novos não há nenhum que não seja e com esta opinião se responde absolutamente a tudo[99].

Esta opinião quanto a primeira parte de que é impossível haver cristão-velho judeu é errada e contra a experiência que já houve, como dissemos, antes do Regimento referido, sendo castigados muitos por essa culpa e contra a possibilidade do homem poder e ainda ou traz muito maiores.

Quanto à Segunda parte de que dos cristãos-novos, não há nenhum que não seja judeu, eu a tenho não só por errônea mas por herética, porque toda a opinião que é contrária ao que crê e entende a Santa Madre Igreja é formalmente herética.

A santa Madre Igreja, crê, julga e presume que todos os que obram como cristãos e o confessam ser o são, porque se entendera o

---

[99] Para a Inquisição todos os cristãos-novos eram judeus, pois o judaísmo era transmitido pelo sangue, segundo o regimento inquisitorial. (N. E.)

contrário não havia de permitir que os cristãos-novos fossem sacerdotes e que administrassem todos os sacramentos da Igreja, nem lhes permitiria o uso dos mesmos sacramentos, nem havia de entender as misturas de gerações por casamentos por se não irem multiplicando os judeus, e extinguindo os cristãos. Logo vejam tudo isto: é certo os segue-se que de verdadeiros cristãos e quem entende o contrário e julga a Igreja é herege.

Se os senhores inquisidores podem livremente dizer, como sei dizem alguns, dai- mo vos um cristão-novo, que eu vo-lo darei um judeu, e sem ser heresia, porque isto não é dizer que todos são judeus mas querem dizer, que o façamos cristão-novo, que isto podemos nos fazer facilmente com qualquer testemunho falso e feito cristão-novo, dois dias mais ou menos ele irá lá ter e eles o porão judeu redondo... Falando neste sentido, claro está que isto não é heresia, porém se os senhores inquisidores dissessem dai-mo vos judeu que eu lhe darei cristão, então confessaria eu que naquele tribunal assistia o Espírito Santo porque este é o ... daquele Divino Espírito, alumiar e converter do erro para a verdade, mas da casa donde se diz: dai-mo cristão que eu vo-lo darei judeu, não quero eu confessar que não há assistência do Espírito Santo.

Ora, sem embargo deve ter essa opinião por falsa e errônea, como na verdade é, eu a quero supor, vo-la quero conceder boa e verdadeira, e digo assim, todo cristão-novo absolutamente é judeu: porém duas coisas podem considerar neste cristão-novo, o sangue e a fama. Pergunto, agora esse cristão-novo é judeu pela fama que tem ou pelo sangue que tem. Bem vejo que me respondes que pelo sangue que tem. Eu o confesso: e se me quiseres dizer que também da fama procede, também vo-lo-ei de conceder que estou hoje muito liberal para tudo, mas então não me podereis negar que mais da metade dos familiares do Santo Ofício são judeus, porque daquela fama, fugiram para aquele sagrado.

Temos assentado que na fama e no sangue está o ser judeu e que todo que tem aquele sangue o é. Ora, dizeis-me por onde conheceremos nós os que são judeus pelo sangue ou pela fama e se há alguma pessoa a conhecer tão cristão-novo pelo sangue, ainda que para isso lhe terem das vezes clero e é que não: Logo só conheceremos, e podemos conhecer.

Não na fama está o ser judeu, porque só o sangue lhe pode vir da sua nação e a fama das nossas línguas como logra crermos que é judeu sem lhe conhecermos o sangue.

Dizei-me: haverá em Portugal alguma gente com fama de cristão-novo sem o ser. Entenda, que não haverá ninguém que o negue. Mais da metade dos familiares do Santo Ofício, como temos dito, tiveram esta fama.

Eu conheço familiares que mais de vinte anos a tiveram. Estive em conta de cristão-novo e dito assim por muitas pessoas que tinham obrigação de o saber. Se esse homem não fora familiar e se de aqui a alguns anos me tirassem por testemunha para habilitação de algum filho seu, que devia eu jurar? Claro está que devia por fielmente aquela opinião em que o tinha pela fama que dele corria, e assim o faziam os mais o tenhamos judeu. Se este ou algum destes familiares para o ter, lhe faltassem as notícias de algum de seus avós ou tivesse outro algum impedimento sem ser do sangue, havia de ser familiar? Claro está que não e logo ficava sendo judeu, e toda a sua geração enquanto o mundo durasse e a habilitação para darem nele os judeus e para sem lhe valer aquele regimento o condenassem e o queimassem[100].

Eu entendo que o haver tão grande o número de cristão-novo neste reino é por que se geram com os bichos? Da materna corrupta e não por geração se geram das imundícies das murmurações e dos aleives das línguas venenosas e dos ódios e das invejas e dos corações danados.

Daqui nascem as famas dos cristãos-novos, mas estes testemunhos e ainda mal, que tantas experiências temos caíram sobre as suas castas de esses mesmos testemunhadores, porque aos que lhes os filhos

---

[100] Familiar do Santo Ofício era um agente da Inquisição, espécie de espião. Geralmente era um homem da elite que deveria provar ser puro de sangue (não haver antepassado judeu ou mouro há sete gerações). Em troca de sua atuação, recebia honrarias e prestígio. Também havia uma gratificação a cada prisão que fizesse. (N. E.)

não lhes hão de os netos de correr a mesma fortuna e poderão dizer mitos destes: nós somos cristão-novo, não de sangue, mas de línguas de nossos pais e avós.

Vai um homem honrado e bem precedido de qualquer qualidade que seja servir na guerra procede com valor carregado de merecimento vem a merecer um hábito de Cristo, mandam-lhe tirar as alertou de não conhecer todos seus avós, ficou empatado sem tomar o hábito, já tem filhos e estes querem depois tomar estado, quando vão às inquisições de seus pais respondem os mais bem inclinados: eu sempre tive a seu pai em muito boa conta; é verdade que ouvi dizer que lhe tinham feito mercê do hábito de Cristo, que querendo o tomar, o não poderá fazer, porém eu não sei o porquê, e pelo testemunho deste que é o que fala a verdade mais cristã mente fica todo por judeu; e que será pelos testemunhos dos mal dizentes e assim ficou esse homem pelos seus serviços ganhando para si e para seus descendentes e fama é ser de judeu; ... foi dispensado então foi ele judeu passado pela chancelaria.

Vem um rapaz para esta terra servir sem ter pai nem mãe, cresceu, casou, teve filhos, empolaram estes em qualquer estado que fosse, quer algum destes entrar em alguma ordem terceira ou em qualquer irmandade como a de e dos congregados ou de outras semelhantes, onde se tiram as inquisições de gênere, não se acham notícias de seus avós, não os aceitam e logo imediatamente ficou tido e havido por cristão-novos, isto para sempre. Estas irmandades têm feito infinitos judeus.

Mas já que tocamos este ponto inquiramos a razão que haverá de não consentirem nestas irmandades cristãos-novos, Valha-me Deus! São capazes os cristãos de receberem a Deus sacramentado e de o sacramentarem sendo sacerdotes como são tantos e não são capazes de acompanharem um defunto em uma irmandade e de irem gastar nela o seu dinheiro? A razão desta é muita clara. Isto se faz para que cresça muito em número e se aumente a irmandade, porque em todas as irmandades onde há esta proibição tudo sem para entrar nelas havendo em todas tanto trabalho e despesas como se sabe, porque será por zelo de servir a Deus ou a seus santos? O zelo todo vem a ser entrarem nestas irmandades só por serem conhecidos, reputados por cristão-velho, porque se a um destes que fez todas estas diligências por entrar em alguma delas lhe foram falsas para entrar em outra em que houvesse talvez muitas ocasiões e exercícios do serviço de Deus e bem dos próximos ou para outro semelhante do serviço do mesmo Senhor, merecimento espiritual escusar como se escusam que não podem que os tem ocupados em muitas partes e que assim estão impossibilitados; e isto ainda que fosse com muito pouca despesa de suas boleas ou sem nenhuma, e assim não há quem sirva ou queira servir nestas tais aonde não há aquela razão de ser, ou não e aqui onde vem todo o zelo do serviço de Deus nas irmandades, e a desgraça é que destes que contando procuram entrar nestas, os que são admitidos nem por isso são qualificados por cristãos-velhos para outras habilitações de mais crédito e os que não são ficam confirmados cristãos-novos ou judeus.

Vai se tirar uma inquirição de um homem talvez sem ser necessária porque muitos têm por devoção anda-lhes tirando e todos e pergunta-se: Vois Mecê conhecia fulano? Senhor, em que conta o tem, é cristão-velho? Isso agora não sei eu, tinha-o em muito boa conta, mas ele é natural de tal parte, e naquela terra todos são judeus.

A outra inquirição se responde: Muito bem o conheço, não sei que seja cristão-novo, porém ele tem este apelido, todos os que eu conheço dele são cristãos-novos. É muito bem precedido, eu nunca ouvi falar contra a sua limpeza coisa alguma, mas também não vi que ele ou algum de seus parentes fossem nunca habilitados e lhe conheço muitos que indo estudar a Coimbra ou letrados e destes nenhum leu no desembargo do Paço e outros também lhe conheço que tiveram outras ocupações e ofícios como homens de negócio, mercadores e mais... e é notório que destas ocupações e ofícios que todos pela maior parte são judeus.

De outra finalmente se responde: É muito bom homem! Mas na matéria do sangue não sei mais que ser ele parente de fulano e fulano ao quais são cristãos-novos concluídos.

Isso é o que basta para que estes pobres homens e toda a sua geração fique infamada sem averiguação ou razão alguma. Como se nas terras mais povoadas de cristãos-novos como o Fundão e outro logadouro não houvera muitos, e muitos cristãos-velhos, como se dos apelidos dos mesmos inquisidores e familiares não víssemos sair muitos penitenciados nos autos da fé. Como se fora preciso a cada um habilitar-se sem ter se sem ter para que, nem ocasião disso, e das sobreditas ocupações e oficios não concluiríamos a muitos que servem no Santo Oficio e se de um mesmo pai não poderá haver filhos uns cristãos-novos e outros cristãos-velhos, conforme as mães que tivessem que ordinariamente são menos conhecidas, e assim de qualquer destas faíscas procedem e se levantam incêndios tão grandes que ... famílias e gerações inteiras e isto sucede sabendo-se nesta matéria com a moderação referida, falando-se com a liberdade de consciência e por línguas murmuradoras loquazes ou malévolas e muito mais compaixão e ódio

...Nesta terra há uma família muito grande e muito autorizada que teve umas razões de palavra com um seu parente familiar que lhe disse: é verdade de que é meu parente por eu sou familiar do Santo Oficio, não há de ser nem seus filhos, este falava deste modo porque sendo familiar não bastou a língua deste ser tão concluída.

E desses, há muitos deles ... a maior parte dos cristãos-novos deste Reino. Não falo das muitas famílias dele, não só nobres, mas ilustríssimas infamadas e feridas deste contágio em tão grave dano de sua estimação e crédito e inda do mesmo modo o Reino e o Estado de seus filhos e muito mais de suas filhas porque isto é dor que faz emudecer e estalar o coração[101].

E pelo comércio quanta gente haverá neste Reino com sangue de cristão-novo e com fama de cristão-velho? Assim, como muitos por ser, não conhecerem seus pais e avós, alcançam a fama de cristão-novo. Quantos haverão que por esta mesma causa e de quantos bastardos

---

[101] Aqui o documento indica que muitos cristãos novos ingressavam em ordens religiosas, ou compravam atestados de Pureza de Sangue, como forma de ocultar sua origem. (N. E.)

e adulterinos que se conheceram cristão-velho sendo no sangue cristão-novo?

Ora, falamos o exemplo de outro rapaz cristão-novo. Vem este rapaz que lhe queimaram ou penitenciaram e degredaram a seu país por alguma Inquisição e vem andando de terra em terra, chega aqui ao termo de Lisboa, onde tem desde pequeno, cresceu, casou nela, dando estes ou aqueles pais: teve filhos, teve netos e teve bisnetos todos ali se estes serem frades ou clérigos ou familiares do Santo Ofício e dentro de alguns dias se podem habilitar e por correntes porque tem atados seus avós no mesmo lugar e freguesia aonde são concluídos.

Terá um destes alguma dúvida para ser familiar? Claro está que não, e poderão seus filhos e descendentes vir a ser inquisidores? Também o podem vir a ser. Nós temos assentado que todo o que tem sangue de cristão-novo é judeu, logo não é impossível que possa haver familiares e inquisidores judeus.

Ora, já que tocamos neste possível, façamos algumas considerações. Suponhamos que havia um inquisidor que era judeu, que fazia este homem naquele tribunal? Um réu perante ele, confessava logo, sem nenhum peso nem vergonha que era judeu e começava a declarar muitas afrontas e desacatos que fazia à imagens sagradas, e outras mais semelhantes coisas que se costumam ouvir deles, que eu não ouso repetir e pedia misericórdia, prometendo que se sabe muito bem a tal juiz que é ficar mais judeu do que era antes que vos parece que fora este ministro neste caso? Confessando o muito que se dá para sua casa e será aliviado de toda a penitência.

Vai outro réu perante ele e quando diz que confesse começa a protestar até dizendo que é verdadeiro cristão e como tal tem sempre vivido e que conhece e crê firmemente que só a lei de Jesus Cristo é boa e verdadeira e que por ela há de dar mil vidas se tantas tivera — Que vos parece que fora agora a este? Creio que o mandara para um potro afora em pedaços até que confesse que é judeu, e quando o não o há de queimar.

Não vos parece que isto é a que racionalmente se deve crer, que fora no Santo Ofício aquele tal inquisidor que era judeu, pois dizei-me-vos agora: que diferença tem isto do que lá se costuma fazer por aqueles que não são.

 Aqui cabe bem o dito daquele judeu de sinal que indo com seu familiar a ver uma procissão do auto da fé, lhe foi perguntando, quem eram aqueles e por que culpas iam eles, perguntou pelos primeiros, disse-lhe o familiar, estes não confessaram que eram judeus nem tiveram disso prova bastante e que como cristãos logo foram livres para suas casas, e os penitenciados perguntou por eles, lhe disse o familiar: estes confessaram que eram judeus mas pediram perdão e misericórdia, dão-lhe uma leve penitência e logo dali a pouco tempo vão também para suas casas. Vieram finalmente os relaxados e à mesma pergunta lhe disse o familiar que aqueles iam a queimar. O judeu: pois estes não querem pedir perdão e misericórdia com muita instância, não vão por isso senão por negativos que não querem confessar, não querem confessar que são judeus, dizem que são verdadeiros cristãos. Riu-se aqui o judeu, imaginando que o familiar o enganava, ao que este entendendo-o respondeu que assim era que o não enganava.

 Disse-lhe então o judeu: me fizeram aqui inquisidor eu te prometo que havia de fazer o mesmo. Todos os que confessassem que eram judeus, os mandaria livres para suas casas, e todos que o negassem e afirmassem que eram cristãos os mandaria logo para o fogo e sem apelação nem agravo queimar.

 Temos assentado pois que os cristãos-novos não podemos verdadeiramente conhecer pelo sangue.

 Temos evidente mostrado a incerteza da fama e que por ela é impossível que com certeza os conheçamos nem os cristãos-velhos, parece logo que só pelas obras os poderemos conhecer. Porém este conhecimento das obras está em tal estado que não os podemos conhecer por eles porque eu mas lhes vimos fazer e outras lhe veremos confessar. Sai um homem penitenciado em um auto de fé, com sambenito, com parte de cristão-novo e dizem as suas culpas: que vivia na lei de Moisés e que pela sua observância não comia carne de porco nem coelho, nem lebre nem peixe de pele e que vestia camisa lavada aos sábados e os guardava de trabalho como os dias santos e outras cerimônias semelhantes. Oh!, valha-me Deus, senhores, quereis fazer-nos doidos quando este mundo inteiro sabe que isso é mentira? Tapai-nos as bocas para que não falemos?

Dizei-me que coisa é parte de cristão-novo, sem ter metade não: sem ter um quarto ao menos: é ter um oitavo, menos ainda, pois logo que é que de seus bisavós tinham fama de cristão-novo e esta é a parte de cristão-novo e não conhecida atada a mais parentela sem cristão-velho sim, pois como vestia esse homem camisa lavada aos sábados e faria mais cerimônias sobre sem seu pai ou reis ou sua mulher, dada sua família que eram cristãos-velhos o verem ou saberem como dizeis que não comia todas aquelas coisas se todos lhe viam comer todos os dias e muito por sua vontade.

Responder-se-ia a isto que o põem assim nas suas sentenças porque eles a confessam. Pois porque se há de aceitar essa confissão por boa se consta por certa noticia pública que é mentirosa e falsa, e os que saem livres ou morrem negativos também com essa parte negando-lhes. Como se põem nas suas sentenças que eles o fariam, se é certo que é falso e contra a verdade se as sentenças dessas pessoas dirão somente que viviam na lei de Moisés, crendo que só nela havia salvação e que não guardavam os preceitos e cerimônias dessa lei, por não serem conhecidos das suas famílias, muito embora que crêssemos isso, mas dizer que de fato as guardavam, quase todos sabem que é mentira, isto é coisa intolerável.

De outro sedes que há tantos anos que se apartou da lei de Cristo para da lei de Moisés, logo antes de se apartar vivia nela e seus pais lhe ensinaram, temos logo já cristãos-novos. E quem são os dogmatistas que os perverteram, lhes ensinaram os preceitos e cerimônias daquela lei? Que estes não têm perdão e devem ser duramente castigados. Eu o direi: são aqueles que têm as culpas nos autos de fé. Estes são os que lhes ensinam os preceitos da lei de Moisés, as cerimônias dela, os dias de festa e os jejuns, quando e quantos são e os dias em que lá são: porque dali é que nós o saberemos, e ali é que eles o ouvem e aprendem, que se isso não fora ser-lhe-ia necessário a cada um mandar buscar um Talmud ou este roteiro a terras estranhas, o que nem todos poderiam fazer. E parecia de razão que estas leis e cerimônias se não ouvissem nunca pronunciar mais que da boca deles quando as confessassem para constar que as sabiam.

Sai uma pessoa livre com uma vela na mão porque lhe não botam sambenito nem a fazenda ainda que saia como réu e com penitência. Pois por que não lhe tomam a fazenda do réu e penitenciado? Porque não teve prova bastante para o condenar. Pois, se não teve prova bastante contra a fazenda, como contra a honra, que é mais para este homem direis que é suspeito na fé, se é somente suspeito pode ser judeu e pode ser cristão, se é judeu dizei-me que castigo nenhum leva o seu dinheiro e vai para a sua casa zombando do Santo Ofício e para com os seus saía acreditado e mais honrado. Do que quando para lá entrou, porque não confessou e logrou o negócio.

E se ele é verdadeiro cristão considere-se bem se pode haver maior castigo que se ir ali decomposto em um auto público envergonhado, afrontado e não sóele mas todos os seus parentes e muito mais, se der em pessoas de qualidade, crédito e vergonha. Nela causam, disse Pilatos de Cristo Senhor Nosso; pois homem bárbaro, se pelos merecimentos dou autos não achas coisa para o condenar, mandá-lo açoitar, tirar-lhe a honrar pondo-o dessa maneira nu e despido em público à vista de todos? Mas, que há de dizer se tu não reparas em tirar-lhe a vida inocente por qualquer respeito e conveniência humana.

Eu não sei que valor é de um coração que se resolve assinar uma sentença de morte contra uma pessoa, havendo razão de contingência culpada inocente tomando esse risco, sobre si dizem a isto alguns destes juízes: os seus mesmos o condenam, que nós não o acusamos. Boa desculpa para Pilatos, por isso ele matou a Cristo, as mãos lavadas, ficando muito leve na consciência. E se algum entra no Tribunal e dispor se descarregar *"Peccaer tradens sanguinem justum"*, lhe respondem: *"Quid adnor"*. Dir-me-ão que lhe basta ajustarem-se com as leis, julgando pelos merecimentos dos crimes, conforme elas depõem porque ainda que as testemunhas sejam falsas, não são obrigadas. Quando lhe não acham razão de defeito assim é, mas não sentindo isto aonde os mesmos juízes são os legisladores como é na Inquisição: isto é certo.

Na Inquisição não se julga pelo direito civil nem pelo direito canônico em que não há dúvida. Pelo direito civil não, porque dos reis de Portugal não tem nem podem ter nenhuma lei particular por onde se governem porque são matéria eclesiástica pertencentes à fé totalmente... de toda jurisdição secular. Pelo Direito canônico também não porque do Pontífice a quem isto pertence também não podem ter bulas, nem diretório particular que observem. E a razão é: porque se a lei por onde se governam fora do Pontífice como se haviam de desculpar com a regalia do príncipe negando ao Papa de sua mesma lei. Isso não pode ser nem se pode crer de quem nos ensina a guardar a lei e de Cristo que diz: *Rodite ergo que sunt... razam et quo sunt... Deo*. Além de que eles mesmos estão mostrando evidentemente que se não governam pelas leis do Papa; porque a que dão para não mandarem os processos a Roma ao com que nos tapam a boca a todos é com dizer: que se mandam os processos se descobre o segredo da forma de processar que é o que os judeus procuram, com o que fica tudo perdido: se esta forma de processar veio de Roma, como é segredo para Roma? Se é segredo para Roma como veio dela?

Todo segredo do Santo Ofício consiste em nos fazer tapar a boca, para que conhecendo tudo o que está dito, todas essas contradições não possamos com um Se este segredo está na forma de processar que os mesmos réus não alcançam, basta quem que o guardem os senhores inquisidores e não vi eu coisa mais escusada que dar juramento de guardar segredo a quem o não sabe, nem se lhe descobre como se dá aos réus que o ignoram. E se esse segredo o sabem todos os judeus, que importa que o saibam também os cristãos-velhos, mas isto é só o que lhes importa tudo?

Neste segredo, para os cristãos-velhos, e naquele Regimento que os defende da Inquisição conciliou toda a conservação e crédito do Santo Ofício, até agora, porque havia três circunstâncias para o venerarmos e termos pelo mais santo, o mais justo, e o mais reto Tribunal que podia haver em todo o mundo as quais se se não conservaram pelo tempo adiante de se não conservar aquele segredo: e vem a ser a primeira ser um Tribunal de homens humanos de quem se não sabia defeito algum: mas como lhe havíamos saber defeitos, se não sabíamos nada daquela instituição e isto se consegue com o segredo: vejam como não será venerado com esta circunstância este Tribunal. A segunda razão terá o Regimento que defende os cristãos-velhos da sua jurisdição, porque querendo todos, justiça, ninguém a quer em sua casa, e esta justiça não se acha em todo o mundo, mais que nas Inquisições de Portugal, vejam como não será mito amada, querida e desejada esta justiça. A erceira razão é que toda esta justiça se executa somente naquela gente a quem temos tão grande aversão que das de nossos reis lhe vimos com ódio herdado, vejam que razão está para que lhe não tenhamos muito amor, e andemos suspirando pela sua liberdade. Dizem muitos falando das misérias do tempo presente: Oh! Senhor, como não havemos de ter fomes, trabalhos e mais respirar aspirar grandes castigos se vemos o Tribunal de nossa fé. Direis nisso muito bem irmãos meus, mas se o vosso fora tão grande digo mas - só fora tão grande como vosso bom zelo que eu creio: o conheço muito bom, poderá ser de outro modo credes que Deus Senhor Nosso é justo e que ouve a todos?

 Sim. Pois, façamo-lhe o nosso requira-mos-lhe a nossa justiça, dizendo-lhe: Senhor, por que nos castigais? Nós, por ventura, fechamos a Inquisição? Não. Quem a fechou? O Papa. Quem clama que se abra? Nós. Pois castiguemos a nós pelo que faz o vosso vigário da terra de Roma se manda fechar a Inquisição de Portugal, se pede com toda a instância que se abra e vós Senhor, castigais a Portugal e não castigais a Roma.

 Ora isto o Senhor não vos responder, responde-me vós a mim: se vós fosses embarcado na nau em que ia o profeta Jonas, sendo todos os mais que iam naquela nau infiéis, idólatras, vendo aquela tão terrível tempestade, aquela tão formidável tormenta e aqueles ameaços de Deus não havias de imaginar, presumir e crer que aquele castigo vinha pelos idólatras. Claro está: e no cabo ele não vinha pelos idólatras mas vinha por amor do profeta que desobedecera a Deus, e por onde vos conta a vós que estes castigos vieram por amor dos idólatras do nosso reino e que não vieram pelas desobediências dos profetas dele quando os idólatras sempre os houve e as desobediências só agora as vemos. O que assim me parece bem nessa casa é que cada um de nós aparecemos às costas aos açoites de Deus, conhecendo e confessando que vêm também merecidos pelos nossos pecados e não tratar de os botar todos às costas dos outros. Tornemos ao nosso ponto.

    Temos, logo que os senhores inquisidores são os que fazem as leis e os que julgam por elas e as executam, e sendo possível, como temos mostrado, morrer, segundo elas e seus estilos, não só uma, mas muitas pessoas inocentes, até os sacramentos lhe negam e ainda passa o caso mais avante, que parece querem a jurisdição do Tribunal Divino a quem só pertence julgar as almas separadas dos corpos, porque neste Tribunal até aos mortos estão condenando, a que se lhes não façam nenhuns sufrágios, por suas almas. Agora inferi-vos? Como quiseras a mentira que lhe supondes de lhe negarem lá dentro os sacramentos na hora da morte.

    E vendo nós tudo isso, querem que tenhamos por fé e justificação de seu procedimento, e não querem só esta fé mas, querem-na do sumo pontífice.

    Querem que o sumo Pontífice creia que tudo o que eles fazem é acertado, eles não querem crer que o Sumo Pontífice acertara no que fizera: e assim ouvimos dizer a muitos no que for justo: o que o Pontífice determinar e mandar nesse caso, será sem dúvida, por lhes parecer justo e a vós parecer-vos-á que o não é.

    Bem está, nós temos todos os que somos verdadeiros católicos obrigação de crer e de fé em tudo o que o sumo Pontífice obra, julga, determina, manda e define como vigário de Cristo na terra e santo e justo e parece-vos a vós que se ele como tal no presente caso o resolver e mandar contra o que vós entendeis, será justo e santo quem há de agora resolver este ponto? Quem há de ser juiz dessa sentença? Vindes nessa a dizer e concluir que se o Pontífice for de vossa opinião, que lhe obedecereis, porém que se não for, que lhe não deveis obedecer. Nesse mesmo estado em que vós estais, estão todos os hereges do mundo.

Fazei-me vós que o Papa se acomode com as suas opiniões, que eu farei com eles que obedeçam a todos, o Papa.

Mas eu estou vendo que me fazeis e que uma pergunta se é bom haver Inquisição ou não. Digo absolutamente falando que sempre foi bom, é bom e será sempre bom que haja Inquisição por amor das heresias, nefandas blasfêmias e mais casos horrendos pertencentes àquele tribunal, porque nos juízos ordinários, as causas que não têm causa não têm remédio, por não haver quem requeira por parte da justiça, senão há outra parte que o aplaque, e assim se não houvera Inquisição, fora isto pior que Holanda e Inglaterra e andaram por ali muitos persuadindo com as palavras, as seitas que andam pregando com as obras, que não há mais sem aventurança que a deste mundo.

Mas falando ainda abstratamente quanto ao judaísmo, digo também que conforme a minha opinião foi bom e é bom, e será bom haver sempre Inquisição, porque a minha opinião é que todos que confessam a lei de Cristo vivendo como são cristãos, e isto o devemos à Inquisição, pois foi fazendo que todas as famílias de judeus que houve neste reino se fossem reduzindo e extinguindo nelas as heresias e plantando a fé, ficando todos como os demais cristãos, e ainda que isto custasse a vida de muitos inocentes, se barata a compra de tantas almas, reduzidas à nossa santa fé.

Mas o que digo é que se isto se pode remediar sem o custo dessas vidas, que será rigor e tirania, que seja tal a forma de processar do Santo Ofício, que se acaso houver ainda no nosso reino alguns judeus, possam estes a seu salvo fazer queimar a todos os que não... como eles e que eles só com confessar e confessando que o são que assim fiquem sem castigo e sem emenda.

Porém, embora a vossa opinião e a dos mais que seguem que todo cristão-novo é judeu, e que não há nenhum bom que o não seja digo: que o maior castigo que Deus Nosso Senhor podia dar a este reino, foi o dar-lhe inquisição, e a razão é clara e evidente. Porque se todos os cristãos-novos são judeus, que tem logo Inquisição depois que há Inquisição? É certo que se lá entram judeus, que judeus lá têm, porque o medo fará negar a lei com a boca, mas não a pode arrancar do coração, e para eles de boca confessarem a de Cristo isso fazem todos. Pois logo, se a Inquisição não de os converter é certo que somente de os multiplicar, o que se prova evidentemente.

Se não houvera Inquisição e os judeus viveram em sua liberdade e foram judeus declarados como são nas outras partes, casariam uns com os outros, e haveria em Portugal portugueses e mais judeus como há nos mais reinos, e não se não os portugueses todos judeus, as outras nações dizem porque esta opinião só a Inquisição.... e que a Inquisição que os judeus verdadeiros se fizessem cristãos fingidos e que daí resultasse o misturarem-se por casamentos com os cristãos verdadeiros chamados cristãos-velhos: e se de um judeu e de uma judia havia de resultar uma família de judeus, e de um cristão e uma cristã, outra família de cristão- velho, casou esse judeu com a cristã velha, essa judia com cristão-velho se dobrou a família dos judeus e se extinguiu a família dos cristãos e ficaram fazendo duas gerações ambas de judeus, e dessa forma se foram e vão multiplicando as famílias e gerações dos judeus e apoucando e extinguindo a dos cristãos, sendo isto deste modo presente como foi e tem sido até agora, em breves anos não haverá pessoa nenhuma neste reino, que não tenha ao menos parte de cristão-novo e conseguintemente pela vossa opinião serão todos judeus em que se fundam logo os que dizem se perde tudo se muda de estilo a Inquisição. Dizei-me em que pior estado se pode por? Haverá mais judeus do que há os cristãos-novos, pela vossa opinião; os cristãos-velhos pelo que tinha contágio de peste para infeccionar todo um reino e ficar tão empesteado o último a que viam chegar como aquele que a trouxe, assim basta um cristão-novo para infeccionar todos seus descendentes até o fim do mundo.

Conforme esta tão pia e santa doutrina, formemos algum conceito das pessoas que poderá haver neste reino com fama de cristão-novo e com sangue de cristão-novo. Quantas crianças ficaram neste reino quando se expulsaram deste, aqueles judeus que se não quiseram batizar, que se deram como se dão os enjeitados e casaram depois com cristão-velho, e quantos senhores daqueles que eram escravos e ficaram com os seus filhos, e os mandaram criar e ficaram sem aquela fama[102].

Suponhamos que de todos estes só um escapou que ficasse a sua geração tida e havida em conta de cristão-velho e damos à descendência dessa pessoa o mesmo número que damos a uma ascendência são de que a descendência possa ser maior sem comparação. Por uma ascendência procede uma pessoa de 2 pais, 4 avós, 8 bisavós e 16 terceiros avós, e por este modo vem a ter no grau de décimos avós, 2048 e fazendo deste mesmo modo conta a descendência, dando essa pessoa 2 filhos, 4 netos, 8 bisnetos e 16 terceiros netos virá a ter no décimo grau os mesmos 2048 décimos netos, e destes, cada um de outros tantos avós e assim vêm todos estes a importar em quatro cantos 194304 pessoas, que todas essas gerações vieram a parar na descendência de um só cristão-novo até a décima sexta geração, todos havidos por cristãos-velhos. Mas vejo que me respondem que isto não pode ser, que esta conta é falsa e que não podem de uma só pessoa, nem a décima parte desses netos. Assim é, eu o confesso e dou a razão porque em um reino tão limitado como o nosso não podem todas essas gerações continuar, sem irem encontrando os mesmos parentes uns com os outros milhares de vezes, pois só até o quarto grau há impedimento e dentro dele e do terceiro a do segundo há muitas dispensas e casando dois primos camais, já seus filhos que haviam de ter quatro avós, e oito bisavós, não têm mais que seis bisavós, porque os dois que faltam são comuns avós de ambos os pais, e tantas vezes essas gerações se encontram tanto menos número fazem de avós por assim irem sendo comuns a todos.

Porém, a isto se responde que também em se indo misturando com os outros cristãos-novos ignorados e desconhecidos tantas vezes se tornarem a encontrar com fica dito, também o podem vir a ser.

---

[102] Trata-se da acusação de serem os cristãos-novos os responsáveis por levar doenças às vilas e aldeias, como no caso da peste negra em que os judeus foram responsabilizados pela sua disseminação. Também fala acerca da grande mistura de cristãos-velhos com judeus ou cristãos-novos através do casamento e a formação da sociedade ibérica a partir dessa convivência. (N. E.)

Quem haviam logo ou hão de vir a ser os mais? Só as bestas, e não haviam de fazer pequeno número.

É certo que havemos mister Inquisição, mas Inquisição emendada: Em que se há de emendar a Inquisição? Eu o direi: Ao se darem ao entendimento os lugares que se dão ao sangue. Parecia-me assim que não podia haver no reino lugares de maiores importâncias que os da Inquisição por depender deles toda a conservação espiritual e inda temporal do mesmo reino. E pois, por que se não haviam de levar estes lugares pelas oposições com que se levam os derradeiros das diversidades... para por elas entrarem nos lugares, vagassem e daí fossem subindo por suas antiguidades até chegar ao de inquisidor geral. Quão menos que fossem formados em direito canônico em Coimbra porque não havia de haver para eles alguém reto de aprovação particular de suas de suas e capacidade como há para os lugares do reino, de direito civil e mais tribunais do reino, em que se tratam matérias de tanto menos importância que a da fé. Porém assim vimos assim este como os mais das relações eclesiásticas povoados só daqueles sujeitos que talvez não seriam capazes de serem admitidos aos lugares dos tribunais seculares.

Mas, pela porta da Inquisição não se entra senão por sangue, os ministros superiores entram por sangue. Os inferiores por sangue, os familiares por sangue, e até os réus também por sangue. Ninguém lá entra por obras, por capacidade ou por talento, senão tudo e todos por sangue, e contudo dizem que naquele tribunal unicamente não entra carne nem sangue, e eu digo que aquele é o único tribunal que se compõe somente de carne e sangue. Resta-nos saber que quantidade de sangue de cristão-novo será bastante ou bastará a fazer um homem judeu. Se bastava que uma parcela de cristão-novo do tempo da expulsão dos judeus em Portugal, ou antes ou depois disso, ainda que desse tempo em diante se não misturasse mais com eles, senão sempre com cristãos-novos, conforme os escritores?

Intérpretes desse sangue, dizem que basta que descenda dos hebreus ainda que seja de antes da vinda de Cristo, e que tanta parte terá agora de cristão-novo como então, porque assim como basta que uma pessoa tenha tantas mais partes irem tomando daquele sangue. E é impossível em tão pequeno reino na distância de dez gerações deixarem-se de encontrar e umas com outras muitas vezes, como será possível escapar alguma de misturar com aquela que é tida e havida por cristão-velho com as mais, sendo na realidade cristão-novo.

Nesta distância de tempo muitas pessoas subiriam à nobreza por armas, por letras, por cabedais e fazendas sendo tidas e avaliadas por cristão-velho. Pois um só que entrasse em menos de cinco gerações bastava para abranger a toda a nobreza por serem menos em número as suas famílias sempre e a cada passo enlaçando umas com as outras. Quem poderá logo em Portugal livrar-se deste sangue, ainda fazendo-nos esta suposição em uma só pessoa; E se a alguém parecer que alguns mais pudessem ter escapado, considere bem cada uma daquelas gerações a fazer os mesmos quatro cantos 194304, daquele primeiro. Quem escapará de ter mais costela de cristão-novo que cristão-velho?

Da fama podemos nos ir fugindo, mas do sangue não, nem ninguém absolutamente: vejam agora se seguem boa opinião os que dizem que todos os que têm parente de sangue cristãos-novos são judeus. Mas, todos estes ainda que o sejam que não essa fama, pelo dito regimento ficam livres do Santo Ofício, e por esta razão louvo muito a quem foge da fama, pois só nela está o perigo.

Toda esta máquina, vejo me derrubais, negando-me a suposição que fiz de que escaparia algum sendo cristão-novo, para ser tido e havido em conta de cristão-velho, e provando a vossa negativa com me dizeres que por isso nos seguramos nós muito bem de maneira que para uma pessoa ser tida e havida por cristão-novo é necessário conhecer-se e saber-se quem foram todos seus quatro avós, e que em faltando um, já fica empestado e tido e havido em conta de cristão-novo e que assim deste modo poderá muitos com a fama sem o sangue, mas com o sangue sem a fama não pode ser.

Ora, parece-me que de por não as perdicar o trabalho de vo-la provar ainda sem ser necessário.

Entre os enjeitados do hospital, que são constantemente tidos e havidos por cristãos-velhos, não haveria algum cristão-novo e filho de cristão-novo, não haveria neste reino muitos filhos adulterinos, reputados por filhos de uns sendo de outros, nem haverá entre estes, algum cristão-novo e filho de cristão-novo, que não pode ser, não me podeis vos dizer, mas dir-me-as que é coisa contingente e não certa e que os podia haver e mais não terem Eu sei de alguns, mas vamos adiante: tudo vos concedo.

Porém, dizei-me agora: em Itália, França, Alemanha, Inglaterra, Holanda e em todos os mais reinos, Senhorios e Potentados da Europa houve sempre nele e há ainda judeus? Sim. E ainda antes de Portugal ser de cristãos se converteram muitos à fé em todos estes reinos e senhorios e se estão batizando ainda hoje todos os dias, não o podeis negar. Nestas terras há alguma separação de cristão-novo e cristão-velho? É certo que não. Não há mais que cristãos e judeus e estes em se batizando todos ficam uns e tão inteiramente cristãos como os que já de antes o eram, como aqui entre nós os hereges, tanto que se convertem.

Logo, não havendo nestes reinos e senhorios separações de gerações de cristãos, conforme a conta que temos feito, havendo neles todos, tantos daquela nação tão antigos, como os outros cristãos que não são dela... que cada dia se vão convertendo, havendo em todos aqueles reinos e senhorios alguma pessoa desde o Pontífice até a mais vil criatura que se deter aquele sangue, e isto mesmo sucede entre os mouros, gentios e mais nações de todo o mundo. Logo, do sangue dos judeus donde se mistura tudo todos ficam sendo judeus e podemos acertar por consequência infalível que já não pode haver cristãos nem hereges, nem mouros nem gentios, porque sendo impossível haver algumas destas nações em que todos não participem deste sangue, todo mundo sem controvérsia é judeu.

E quantas pessoas de todas essas nações terão casado em Portugal e até dos gentios e dos mouros do tempo antigo. Estes, estrangeiros da Europa que casam neste reino para que parte os lá mudamos? Para parte de cristãos-novos ou para parte dos cristãos-velhos? É certo que em sendo estrangeiro, ainda que fosse herege, logo seus filhos por aquela parte ficam habilitados por cristão-velho.

Bastaram logo esses estrangeiros para nos fazerem participantes daquele sangue. Com razão nenhuma e por nenhuma razão o não podeis entrar..

Uma peça de seda, cada retalho dela, há de participar de todas as castas de fio que nela entrarem: assim são as nações do mundo. Que o Deus, Nosso Senhor, aos homens todos entre si, para que na realidade fossem todos irmãos, porque todos eram seus filhos, e assim se amassem com amor e caridade fraterna; e para isso pôs e a sua igreja impedimento no casamento dos irmãos e ainda dos parentes, porque se uma pessoa tivesse dois filhos macho e fêmea, não quer que se fizesse destes uma geração, mas que se separassem e servissem deste modo em duas gerações, e assim os mais: porque tratando os homens de se unirem uns com outros para se separarem dos mais, Deus só tratou sempre de os separar, para os unir a todos. Desenganam-se pois os homens que não hão de separar o que Deus quer unir.

Isto é, meu amigo, o que se me tem representado na minha ideia há muito tempo, e como até agora foi proibido alencar estas razões, digo questões, por isso me não chegaram à notícia as soluções destes argumentos e visto estamos em Sé Vacante vo-las proponho para que com o sal de vossa doutrina me aclareis da corrupção que nelas possa haver e com a lei do vosso entendimento me alumies e façais assentar o soldado desta minha imaginação.

Antonio Vieira

ANEXO II

    Nessa Carta, Vieira pretende evitar que os cristãos novos de Portugal sejam condenados por um roubo que ocorreu na igreja da cidade de Odivelas e cuja autoria ainda era desconhecida. Faz a defesa perante ao rei de Portugal, refere-se a casos passados em que os cristãos novos foram acusados e depois de minuciosa investigação não se comprovou sua culpa.

Papel, que de Roma mandou o Padre Antonio Vieira, para se oferecer a Príncipe D. Pedro, regente do Reino; sobre a lei de extermínio dos cristãos-novos pelo roubo do Santíssimo Sacramento da igreja Paroquial de Odivelas, mandou promulgar com as circunstancias que o mesmo papel consta, que se... em nomes supostos. (1671)

Senhor, foi vossa alteza servido (depois de ouvir vários ministros, e várias pessoas sobre a matéria que se ofereceu, do modo com que se havia de proceder com os cristãos-novos, resolver se promulgasse uma lei, em que manda sejam exterminados do Reino e suas Conquistas, os que deste último perdão geral saíram confessos, e seus filhos, e netos, posto que estejam fora do Pátrio poder; e bem assim as que abjuraram de veemente, eles e seus filhos.

Ordena mais Vossa Alteza que os que ficaram no reino não possam de seus bens fazer morgados; e os que já instituídos se confisquem, quando qualquer dos possuidores delinquir, e que não possam suceder nos que por cristãos-velhos forem instituídos; e outrossim que seus filhos não possam estudar nas universidades, e que não possam, sob graves penas, casar com cristãos-velhos.

Deu causa a esta lei, e a este edito o execrando delito, e abominável sacrilégio, que se cometeu o roubo do Santíssimo Sacramento da igreja paroquial de Odivelas, com o qual são justas e louvavelmente se irritou o católico zelo de Vossa Alteza; pois se em o outro caso, muito sem comparação menor, se armou o direito da espada de vingança; qual será a razão ou excesso, que baste para castigo do delito, e para emenda do delinquente que nefandamente pôs as mãos no mesmo Deus sacramentado? E qual será a pena, com que seja condignamente punido o sacrílego herege, que nos roubou, o inestimável tesouro do nosso Deus, não somente nesta ou naquela imagem, mas em toda a sua real essência, na qual cremos, e confessamos, que realmente existe no Divino Sacramento do Altar?

Quatro vezes, Senhor, têm sucedido este caso neste reino. O primeiro, quando em tempo do Senhor Rei D. João III, estando ele em sua real capela ouvindo missa; se atreveu um herege a arrebatar das mãos do sacerdote; que estava celebrando, a hóstia consagrada e fizeram-se na corte as demonstrações de sentimento dignas de Príncipe tão católico, e deu-se ao delinquente a pena, que pareceu mais justa, ainda que nunca seria a que satisfizesse a tão abominável culpa. E logo aqui é de reparar que, estando o Reino cheio de judeus convertidos à nossa santa Fé Católica de muito pouco tempo (a qual pode ser que não tivesse lançado em seus corações tão profundas raízes, como já agora terá) não foi algum deles que cometeu o delito, mas um depravado herege dos do Norte.

O segundo caso que sucedeu; foi na Sé do Porto no ano de 1614, no qual, feitas as diligências costumadas, a não constando de pessoa, que nele fosse culpada, se houve de passar com o sentimento e com as significações dele.

O terceiro caso sucedeu na Paroquial de Santa Engrácia desta cidade, no ano de 1630, em que se fizeram exatas diligências; e sendo presos muitos homens da nação, a nenhum se achou culpado, exceto a Simão Pires Solis; o qual, depois de outros tormentos; foi queimado vivo; mas não com prova tão contundente, que então e agora falte quem diga, que não se mostrava pelos autos que ele fizesse tal crime, o que depois se veio a confirmar muito mais, pela pública confissão que um famoso ladrão fez na cidade de Orense, estando para padecer ao pé da forca, onde disse que ele fora o quem cometera aquele nefando sacrilégio, de que naquela cidade se fizeram autos com testemunhas; e foi coisa notória.

O quarto caso é o que agora choramos, pelo qual da parte de Vossa Alteza se fizeram incansavelmente tantas diligências por descobrir os autores dele, que certamente não é possível, que humanamente se pudessem, em outro algum lugar fazer; e todavia não foi Deus servido, que até agora se desse em quem fora; e assim não achou ainda a justiça pessoa contra a qual se pudesse proceder.

E se os exemplos dos tempos passados costumam ser as regras e os documentos para os presentes; e futuros; principalmente nas repúblicas, e para com os Príncipes, nos três antecedentes casos tem Vossa Alteza muito claramente o conhecimento de como neste se pode haver.

Porque pelo primeiro lhe consta, que semelhantes delitos com aquelas notáveis circunstâncias de ser em presença de um Rei, e em sua Capela, publicamente, perante a Corte toda, foi cometido não por algum homem de nação, mas por um desesperado e maldito herege.

No segundo, tem Vossa Alteza que notar que, porque não houve prova de culpados, não houve castigo.

No terceiro, serem suas justiças em semelhantes matérias tão zelosas, que assim como então com nenhuma prova foram tantos presos, e um tão atrozmente castigado, o mesmo e muito melhor se fizera agora, se Deus não fora servido de ter até aqui o caso em tanto segredo, que nem o rasto, nem presunção se acharam ainda contra pessoa alguma, e contudo na lei, que agora se promulga, vemos que porque não há culpados, são muitos os castigados.

Estivera a gente da nação de muito melhor condição neste Reino, se constara, que a dois ou três homens dela cometeram este nefando crime; porque, na prova que contra elas resultasse, se mostraria e inocência de todos os outros, e contudo, porque não consta que algum deles o cometesse, e por ser possível que o cometesse um maldito herege, ou algum desesperado cristão-velho, padecem agora muitos milhares de cristãos-novos, sendo os mais deles conhecidamente inocentes, como são todos os que moram fora desta cidade, e conquistas do Reino.

E, sendo indubitável, que se porventura com o mesmo furto na mão fossem achados os sacrílegos que o cometeram, nem Vossa Alteza nem seus ministros os haviam de condenar, sem ouvir de tal ou qual maneira (porque nem mesmo Deus onipotente castigou a nossos mesmos pais com a lei da exterminação do Paraíso terreal, contra eles e seus descendentes, sem os chamar e ouvir primeiro e, nem os Papas, Imperadores, e Príncipes absolutos o podem ou devem fazer) como em matéria tão grave e que toca a tantas gentes e pessoas; as mais delas inocentes no caso. Admiro-me que não haja quem diga a Vossa Alteza que sem os ouvir, não deve nem pode tomar tão nociva resolução: e não sei, como em tantos papais de Direito se não mandou ver algum por essa parte.

É possível, Senhor, que para se castigar qualquer delinquente, posto que notoriamente o seja, e para se condenar alguém em quatro ou seis mil réis, não podem as justiças, e não costuma Vossa Alteza dar sentenças, nem tomar resolução, sem ouvir ou sem citar as partes ambas; e agora se castigam tantos milhares de pessoas na perda da honra, da pátria, dos ofícios, e da fazenda, sem os ouvir e sem lhes mandar que respondam? Sirva-se Vossa Alteza de considerar que, quando se procede contra partes não ouvidas, ainda que se pronuncie o que é justiça, sempre se procede sem justiça.

Mas se todavia, constara a Vossa Alteza que os cristãos-novos todos concorreram com o fato ou aprovação para este sacrilégio, haveria porventura quem, pelo abominável do delito, desculpasse o excesso do atrevimento? É certo que não.

Pois se é averiguado que nem todos, nem parte deles concorreram e operam ou consentiram no crime; nestes termos tem Vossa Alteza para seguir um notável exemplo, não deste ou daquele Príncipe da terra, mas do Príncipe e Senhor Soberano dos Céus, e de todo o Mundo, a cujos olhos, sem engano algum são todas as coisas claras, e como tudo isto, não se podendo enganar com os mesmos pecados dos mercadores da cidade de Sodoma e Gomorra, ainda assim, para nos ensinar, como em semelhantes casos se havia de proceder, diz o texto sagrado, e o pondera o santo Papa Evaristo, que veio ele mesmo fazer inquirição, e averiguar se era verdade; e antes de lhe constar muito plena e perfeitamente, não procedeu aos castigos dos sodomitas; para nos deixar exemplo claro de como nos negócios graves se havia de proceder ao castigo de muitos.

E é bem notável e digno de ponderação aquela prática que sobre esta matéria teve o mesmo Deus com o Santo patriarca Abraão; porque, dando-lhe conta de como ia devassar e inquirir sobre os pecados de Sodoma e Gomorra, diz a Escritura que Abraão, quase como estranhando que pudesse caber na Justiça Divina castigar os inocentes juntamente com os culpados, lhe perguntou se na cidade houvesse cinquenta justos haviam de proceder com os mais, ou se havia de perdoar àquele lugar pelos cinquenta justos que nele houvesse? Ao que Deus respondeu, prometendo que, se houvesse cinquenta justos, perdoaria a toda a cidade.

Replicou Abraão, perguntando se, havendo quarenta e cinco, bastaria para perdoar. Tornou Deus a responder que bastariam; e dali foi Abraão sempre de cinco em cinco, e de dez em dez diminuindo, de maneira que chegou a alcançar palavra de Deus, de que, havendo dez justos, ou dez inocentes, perdoaria a todo o lugar. E se bem é verdade que nem porque a este tão limitado número chegaram os justos daquelas cidades, não puderam evitar o castigo, sempre escapou dele o justo Lot, a quem Deus por esta razão o quis tirar e livrar.

Oh!, que admirável exemplo, e que digno de ser seguido e imitado por Vossa Alteza, para que repare que em nenhum caso, e menos neste, que é tão grave, deve proceder sem toda justificação, e sem lhe constar líquida e perfeitamente, se foram os cristãos-novos os réus deste delito!

Pois não é razão que assim tão levemente se creia o que não consta, porque não há coisa mais contrária à sabedoria, como disse Cícero, que a crueldade. E ainda depois de constar a verdade, é necessário que considere Vossa Alteza que, se bem pela inocência de poucos costuma Deus perdoar a muitos, não é isto que os cristãos-novos pretendem, senão que pelo delito de poucos não sejam castigados e punidos todos, mas cada um pague por seus pecados.

E posto que estas razões são bastante para divertir a Vossa Alteza de uma Resolução tão prejudicial, ainda o mostrarei mais claro por todas as partes dela, sem alegar alguma que seja puramente política, porque já se sabe como o zelo de Vossa Alteza tem extinto e aniquilado todas as conveniências de Estado, quando lhe parece que em qualquer matéria (ainda de mínima consideração e de levíssimo fundamento ou momento), ofendem ou podem ofender a Religião, desestimando a multidão de vassalos e a opulência do Reino, por conservar nele a pureza da Fé, seguindo o santo exemplo do Católico Rei Recesvindo, do qual refere o Concílio Toledano VIII que mais queria fundar o seu Reino na Fé Católica, do que nos muitos vassalos que considerava infiéis, Mostrarei pois com Razões Católicas e de justiça como foi havida contra a intenção de Vossa Alteza e como não pode sustentar a dita resolução.

Parte I - Sobre os que saíram penitenciados, e seus filhos, e netos[103].

Posto que, sem ver outro algum papel sobre a matéria de que se trata, vou formando este, todavia, pelas notícias ouço dizer que se argumenta da expulsão dos judeus que em algum reino se foram, para esta dos cristãos-novos que agora querem despedir, sendo uma tão distante da outra, como vai do céu à terra, ainda a respeito daqueles que, convictos no erro do judaísmo, saíram confessos, e muito mais dos seus filhos e netos.

Falando nos judeus atuais que não chegam a ser batizados e que vivem na Lei de Moisés, é comum opinião de todos os mais graves doutores que, vivendo quieta e pacificamente, sem alteração nem perturbação do estado político da república, não devem ser expulsos

---

[103] Nesta parte o autor argumenta que aqueles que já foram presos pelo Santo Ofício e foram reconciliados pela igreja não devem ser castigados novamente por um crime que recaiu sobre todo o povo, sendo cometido por alguns, cuja autoria ainda era desconhecida. (N. E.)

e exterminados de suas terras; nem o Príncipe (salvo sua consciência) os pode lançar delas; e no contrário obra contra o Direito Divino e Natural das Gentes, Civil e Canônica; e peca contra o preceito da caridade, que deve aos próximos; como notavelmente, e com ilustres fundamentos, mostrou o célebre Jurisconsulto Oldraldo, a quem seguem os mais.

Deixando, porém, esta parte e matéria, por não pertencer à presente dúvida, em que não se trata da expulsão e exterminação dos judeus, mas de cristãos católicos romanos, reduzidos uns, outros recebidos ao grêmio da Santa Madre Igreja, e outros que nunca dela se apartaram, é muito mais indubitável que não se deve tomar tal Resolução, sem grave prejuízo da consciência de Vossa Alteza, e muito maior de quem assim o aconselha.

Para isso se deve supor, como conclusão indubitável, que o conhecimento do crime da heresia privativamente pertence à Justiça Eclesiástica, sem que o Príncipe e Ministros seculares nela possam exercitar nenhum ato da jurisdição.

E posto que esta originalidade, conforme o Direito Antigo, seja dos Bispos; aos quais, por seu pastoral ofício, toca inquirir e prender no crime de heresias, contudo em Portugal, nos Reinos de Espanha e em toda a Itália, está cometida esta matéria aos sagrados Tribunais do Santo Ofício, onde ordinariamente assiste um Inquisidor Geral, nomeado por El-Rei de Castela em seus Reinos, e por Vossa Alteza neste, o qual recebe as jurisdições delegadas do Sumo Pontífice, e as reparte e comunica aos Inquisidores que nomeia; e estes por sua nomeação a ficam também recebendo do mesmo Sumo Pontífice, e dele ficam sendo Juízes Delegados.

Supostos estes princípios, bem eficazmente se segue que, tendo os Inquisidores conhecido, e sentenciado os judeus (os quais por suas confissões se reconciliaram com a Igreja, receberam suas penitências, confiscações de bens, cárceres, e alguns deles açoites e degredo) não pode ou não deve Vossa Alteza intrometer-se a castiga-los novamente e com tão grave pena como a exterminação de suas pessoas para Reinos estranhos.

Porque, ainda que é grave questão entre os autores, se nos delitos podem as Justiças Seculares castigarem com novas penas os delinquentes que dignamente não foram castigados pelos Ministros Eclesiásticos, em que os ditos autores escrevem variamente, contudo, nos crimes e nos casos que meramente são eclesiásticos, é sem nenhum gênero de dúvida que, sendo uma vez sentenciados pelos Ministros da Igreja, não podem os seculares intrometer-se neles, mas antes por isso poderão ser excomungados, como expressamente decidiu o Papa Bonifácio VIII.

Bem é verdade que pode Vossa Alteza, ainda que não tenha jurisdição no crime de heresia, acrescentar penas aos hereges, e particularmente a de exterminação, como fez o Imperador Frederico, cujo fato foi louvado pelo Papa Bonifácio VIII.

Porém isto se entende nos hereges com pertinácia; e não nos que a Igreja reconciliara em seu grêmio; porque com estes não se devem intrometer os Príncipes Seculares, principalmente fazendo lei ou estatuto, que impede ou retarda aqueles meios com que o Santo Ofício costuma reduzir os hereges e descobrir aos mais; mas antes tal estatuto é nulo e os mesmos Inquisidores têm autoridade de o anular porque fica pervertendo e prejudicando o fim que se pretende conseguir, que é a redução dos mesmos hereges e a reversão do delito e delinquentes.

E pelo mesmo, estas tais penas que o Príncipe Secular impuser no novo estatuto, se podem estender ou entender senão para o futuro; mas antes é rigor mais que alheio da caridade e piedade católica que, estando o delito punido e castigado pelo Tribunal como o do Santo Ofício, e os delinquentes emendados e reconciliados com a Igreja, há dez, vinte, trinta, quarenta, e mais anos, de novo sejam inquietados e perturbados com tão insofrível pena como a do degredo perpétuo da pátria, sem honra, sem fazenda, sem parentes e amigos; coisa que o Direito tanto estranha, não permitindo que lei alguma se pratique, nos casos passados, nem nos que ainda estivessem sem ser sentenciados e castigados.

O que tudo, nos termos presentes, é muito mais indubitável, porque o Santo tribunal da Inquisição, no qual sempre a misericórdia tem o maior lugar; nenhuma coisa faz com um réu mais que admoesta-los uma e outra e muitas vezes, com caridade e piedade cristã, a que se reduzam e se reconciliem com Deus, confessando suas culpas e pedindo perdão delas, pois deste modo o alcançarão; e recebendo as penitências e as penas que conforme a circunstância do delito merecem, lhes dá e promete toda a boa passagem, e ainda os recebe e recolhe debaixo da sua proteção, porque deste modo consegue o fim que acima dizíamos, da emenda dos confidentes e da Revelação dos outros; e não é possível, sem gravíssimo prejuízo da consciência de Vossa Alteza e sem igual escândalo dos fiéis, que se lhes quebre aos ditos reconciliados a fé pública e a palavra dada.

Disto tem Vossa Alteza bom exemplo, e bem caseiro, no que obrou a sempre invicta majestade do Senhor Rei D. João IV, de saudosa memória, pai de Vossa Alteza, quando, propondo-lhe em relação o caso de um homem criminoso, que foi à casa de um corregedor da Corte, chamado por ele, com palavra dada de que o não prenderia, sendo depois preso em uma rua quando vinha da casa do corregedor, o mandou o dito senhor soltar, advertindo que, posto que o corregedor fizera mal, todavia não devia o réu ser fraudado na fé pública da sua palavra.

Concorda isto com aquela Resolução dos Doutores, os quais comumente resolvem que, posto que o juiz não tem poder de prometer aos réus que os absolverá da pena, se confessaram a culpa, ainda assim, se com efeito fizer a tal promessa, e os ditos réus debaixo dela confessarem o seu delito, deve-se-lhes guardar a palavra, porque não devem ser defraudados debaixo da fé pública.

E se isto vemos que manda observar o Direito na palavra e na promessa que sem um juiz, que o não podia ou devia fazer, que diremos na fé pública e palavra dada pelos Ministros do Santo Ofício, com expresso poder e com privativa jurisdição do vigário de Cristo, em cujo nome, e como seus delegados, receberam, a reconciliaram e absolveram os réus confessos? E se os homens não se houvessem fiar da Santa Igreja Católica; de quem se pode não segurar, que os não engane- como em semelhante caso, por estas mesmas palavras, o disse um mestre gravíssimo?

Pelas quais razões, e com este fundamento da fé pública e palavra dada, vemos que se defende o salvo conduto que o Imperador Carlos V deu e guardou a Lutero, pestilencial heresiarca e crudelíssimo inimigo da igreja. E diz o mesmo texto acima referido que não podia o dito Imperador, sob nenhum pretexto, deixar de observar a sua palavra, e assim o prova, com muitos lugares da Sagrada Escritura, dos Santos Padres, e de um e outro Direito.

E se é certo, como ouvi dizer, que, não parando a exterminação nos confessos que foram delinquentes, se há de estender a seus filhos e netos, não pode haver Resolução mais extraordinária; porque, nos termos do Direito Canônico, nenhuma pena se acha contra os descendentes dos hereges reconciliados, como com elegantes palavras declarou o Sumo Pontífice Bonifácio VIII, e por isso não incorrem os ditos descendentes em alguma irregularidade, nem perdem os benefícios e ofícios que tinham, nem lhes é proibido adquirir outros de novo.

Porém, ainda a respeito dos hereges que não chegaram a ser reconciliados e que em sua pertinácia morreram, posto que os filhos incorrem em várias penas, nenhuma pode ser corporal; mas antes não se poderia sustentar a lei que impusesse aos filhos e descendentes dos hereges (que nos delitos de seus pais não foram cúmplices) alguma pena sensus: de prisão, tormentos, morte, cárcere, e degredo.

E suposto que pelo delito de Acan fossem castigados seus filhos, conforme a melhor opinião (ainda que não faltam Doutores que digam que os filhos não padeceram, porque a escritura o não declara) contudo todos conformam, em que para este castigo, teve Josué especial Revelação de Deus.

Haverá porventura quem a tudo isto responda que Vossa Alteza não impõe neste caso pena aos que saíram confessos, e a seus filhos e netos, por via de jurisdição, senão por via do bem governo, limpando seu Reino de hereges, na suposição de que os que uma vez o foram, ainda o são; e que a lei que professam a deixam comunicada a seus descendentes.

Mas, porém, em matérias da justiça e que tocam em prejuízo do terceiro, são obrigados os Príncipes Católicos, depondo totalmente todas as razões políticas, determinarem somente o que é justo, porquanto o preceito da justiça, nos Príncipes Católicos, é primeiro que toda a outra razão, ainda que seja do bom governo, como nesta matéria resolvem os Doutores.

E é, Senhor, caso bem notável que, tendo a Igreja aos confessos por reconciliados e reduzidos a seu grêmio, a que os não recebe senão fazendo eles suas confissões com ânimo sincero, e com mostras de todo fiel arrependimento, castigando e não usando de misericórdia com os que a fazem simulada, fingida ou diminuta, baste contra tudo isto uma presunção que no ânimo de Vossa Alteza introduziu seu católico zelo, a qual não é certa, mas antes pode ser falível.

Desta presunção se passa a outra, de que os tais confessos comunicam a lei aos filhos e estes aos netos; e que uns e outros a receberam. E sendo que sobre presunções não assenta bem alguma condenação de Direito, principalmente quando é grave, como se deve observar esta com tanta infâmia e com tanta jactura da pátria, dos filhos, dos parentes, e da fazenda?

Porém, pergunto: Se na tal suposição se funda essa disposição, como se não; excetuam os filhos póstumos que não conheceram o tal pai, e avô confesso? Como também não são revelados os que os não conheceram ou comunicaram? Como, finalmente, os que em sua vida não chegaram a ter uso da razão capaz de se lhes comunicar a tal lei?

Ah! Senhor, E quantos filhos de confessos há que os não conheceram e que os não comunicaram, uns e outros totalmente em idade, que não tinham consideração? E quantos netos, que serão nascidos trinta, quarenta e mais anos depois da morte dos avós, que nem os mesmos pais conheceram em uso da razão!

E quem poderá contar o número dos filhos destes tais confessos e de seus netos, que já pela Fé, pela Pátria, pelo Reino e pela Coroa, deram gloriosamente a vida ou receberam muitas feridas nas guerras, que por espaço de sessenta anos, que vai do perdão geral até agora, houve com os Mouros em África, e com estes e com gentios na Índia, com os Holandeses em Holanda no Brasil e Angola, e com os castelhanos neste Reino?

E com tudo isto, nem estes são excetuados; sendo que, conforme o Direito, se qualquer presunção se vence por outra, bem vencida com esta, de dar a vida pela Pátria e pela Fé, fica a outra, de que receberam a Lei contrária a ela.

Repare Vossa Alteza, pelas chagas de Cristo, a qualidade de homens que castiga com rigores e infames penas, aos quais, por seus bons serviços, e melhores procedimentos devera premiar, e honrar.

Advirta, Senhor, quantos inocentes expõem à impiedade dos Mouros, dos Turcos e dos hereges. Quantas almas que vivem catolicamente expõem ao perigo de se perderem; e não queira Vossa Alteza tomar sobre si as lágrimas de tantas viúvas, tantas donzelas, e tantos inocentes.

Considere que, dando ocasião a esse novo édito e nova lei o execrado caso de Odivelas, são por ele punidos os que neste mesmo tempo estariam nas suas camas e nas suas casas, e os que estavam daqui dez, vinte, cinquenta, ou cem léguas, e os que finalmente estão na Índia, no Brasil e mais conquistas de Vossa Alteza, donde claramente se conhece ser impossível que viessem a cometê-lo.

PARTE II - SOBRE OS QUE ABJURARAM DE VEEMENTE E SEUS FILHOS[104].

Nesta segunda parte serei mais breve, porque a ela se podem aplicar todas as razões de antecedente, porém com mais eficazes fundamentos, pois esta abjuração se manda fazer por pessoas contra as quais não resultou prova do delito da heresia, e somente havia algumas presunções, e ainda menos, porque não foram mais que suspeitas, que são menos que presunções.

---

[104] O autor defende que os que negam o crime, não devem ser punidos, muito menos seus descendentes, pois não há provas contra eles. E mesmo se provarem a culpa, os descendentes não devem pagar pelos erros dos antepassados. (N. E.)

Pelo que, as pessoas contra as quais semelhantes suspeitas houve, não são condenadas em pena alguma, mas antes, abjurando as tais suspeitas, são absolutas e saem livres, indo para suas casas lograr seus bens, como por Direito Canônico está disposto.

E é grande caso que por aquela prova que no Santo Ofício (onde com tão maduro conselho se ponderam as coisas) não foi bastante para impor aos réus alguma pena, havendo-se com aquela abjuração por ficarem purgados, se lhes imponha agora, passados tantos anos, a do degredo ou desterro perpétuo da Pátria, com seus filhos e netos, sem contra uns nem contra outros acrescer circunstância alguma considerável, e não resultando contra os pais mais que uma suspeita, posto que veemente na Fé.

Como é possível assentar, não por via da presunção, mas por conclusão, que este comunicará aos filhos e netos o erro que se não provou que ele ficasse ou tivesse?

Ao que acresce ser tanto desta verdade que não se há por convencido nem por herege o que abjurou de veemente, que, sendo certo que se outra vez for convencido na heresia, e essa plenamente se provar contra ele, posto que então se há por relapso; dizem os Sagrados Concílios e notam os Doutores que isto procede de profecia de Direito, e não por verdade de prova.

De sorte que nunca o Direito tem por herege ou delinquente no crime de heresia ao que abjura de veemente; e agora vemos que não somente estes, mas também seus filhos e netos são exterminados do Reino, como se realmente fossem hereges! Ah! bom Deus!

Mas sobretudo é mais para se sentir não somente da parte dos miseráveis contra as quais se promulga este novo edito e nova lei, mas ainda da parte de Vossa Alteza, que se traga por exemplo a expulsão dos mouros de Granada e de Valencia, e que da dita expulsão se faça argumento para esta.

Digo, Senhor, que é para sentir dos miseráveis cristãos-novos, pois são comparados com os infiéis, os quais nunca, nem ainda no exterior, receberam a lei de Cristo; e sobre serem infiéis a Deus verdadeiro, que deveram adorar, o foram também ao Rei e à Pátria em que moravam, provando-se contra elas, que se queriam levantar com o Reino, e introduzir outra vez em Espanha aos mouros de África e as armas do Grão Turco, e nenhum deles servia a Coroa com fidelidade, mas antes se estava cada um temendo a perdição e total ruína da Monarquia de Espanha.

Veja-se agora que comparação tem isto com os miseráveis cristãos-novos de Portugal. Mostre-se se entre eles houve alguma vez a menor sombra da rebelião ou levantamento; nem ainda uma pequena resistência aos mandados do Rei e da justiça.

Mas antes, havendo muitas terras neste Reino em que quase todos ou a maior parte dos vizinhos são desta nação, os quais vivem miseravelmente, sempre súditos e sem ocuparem os cargos honrosos, contudo nunca em algum deles se viu que houvesse o menor tumulto, antes toda a obediência.

E pelo contrário, quando Vossa Alteza e os senhores Reis seus predecessores se quiseram valer deles nas armas, nenhum havia que por mar e por terra servissem com mais valor e fidelidade, sem que neles entrasse nunca receio de traição; e se porventura chegaram a ocupar lugar na república, neles serviram e servem com particular satisfação.

Ultimamente, se foram necessários cabedais e seus créditos, ninguém com mais liberdade os ofereceu e despendeu, sendo coisa certa; que eles sós, e particularmente os que agora vão expulsos, sustentaram muitos anos os gastos dos exércitos desta Coroa, e sem isto fora impossível conservar-se; e este é agora o agradecimento que eles tem.

Digo também que é para sentir da parte de Vossa Alteza trazerem-se os exemplos dos mouros da Granada e Valência; porque, se Vossa Alteza os imitar, poder-se-á ver este Reino com os castigos que experimenta Espanha.

Considere-se o estado feliz em que a deixou o Imperador Carlos V e a conservou Felipe II, seu filho; e veja-se a declinação que teve e vai tendo, depois que Felipe III fez a última expulsão; sendo a opinião de varões pios que tudo são castigos de Deus e causados dos grandes desserviços que na última expulsão se lhe fez.

Oh! pelo amor de Deus e conservação do reino, não queira Vossa Alteza experimentar os mesmos castigos, já que há quem aconselhe a Vossa Alteza que siga o mesmo exemplo.

Parte III - Sobre não poderem de seus bens constituir morgados, e que os já constituídos se confisquem pelo delito de qualquer possuidor, e que não possam suceder nos que por cristãos-velhos foram instituídos[105].

Tomando por particular o que nesta parte da lei e edito se acha disposto, quanto à primeira, — de que não possam instituir os morgados — tomara perguntar a quem aconselha isto a Vossa Alteza, que tem esta proibição de boa para o fim, que se pretende de se apurar o Reino, e extinguir nele a heresia?

Se disserem que com os morgados se poderá o dito crime cometer mais desaforadamente, a respeito de que (posto o possuidor incorra no dito crime) passe o morgado a seu filho ou a parente, este inconveniente já cessa pois Vossa Alteza manda que se confisquem pelo delito de qualquer possuidor.

E cessando por este modo o inconveniente, não é utilidade, antes grande prejuízo do Reino que não se possam instituir morgados pelos cristãos-novos; por quanto não comprarão bens de raiz e enviaram os cabedais muitas e mais vezes para fora do Reino; e aqui temos grave dano da Coroa, sem algum proveito da Religião.

Porém, nem uma nem outra coisa pode Vossa Alteza ordenar, senão com abuso notável de seu real poder, quanto à primeira parte da proibição da instituição de morgados; porque, sendo certo que os cristãos-novos os instituem de seus bens, em que têm adquirindo domínio, este é o direito das gentes primário, e conforme a ele pode cada um dispor do seu como lhe parecer. Principalmente porque as tais

---

[105] Aqui Vieira argumentou ao rei que impedir os cristãos novos de terem morgado só irá prejudicar Portugal, pois esse impedimento fará com que os cristãos novos portugueses remetam seu capital a outros países. (N. E.)

instituições, ou se fazem em contratos ou em testamentos, e uns e outros são também de Direito das gentes, sempre se ficava encontrando o direito natural com se proibir que os homens disponham de seus bens a seu arbítrio livre, dando-os a quem quiserem ou deixando-os com as cláusulas que lhes pareceram em seus testamentos.

Que tem com o caso de Odivelas, ou que tem com ser ou não ser homem de nação, o instituir morgados de seus bens, para que até esta liberdade se lhes tire ainda àqueles, a quem o edito da expulsão não compreende?

Oh! Quantos morgados se hão instituído por pessoas de semelhante qualidade, com insignes obrigações e encargos católicos de casamentos de órfãs, de resgate de cativos, das missas, ofícios, e esmolas! Pois, até isto se lhes há de tirar? Nem os meios de deixarem fazenda vinculada, donde se tirem rendimentos em que se façam obras pias por suas almas, que hão de ser também os meios da salvação, se lhes há de conceder, antes proibir, ou estreitar?! Grande e desusado aperto.

E quanto à Segunda parte ou partícula sobre que se constituem os morgados pelo delito de quaisquer dos possuidores, é rigorosa constituição esta; porque são nela castigados os notoriamente inocentes, pois vemos que por esta via se castigam os instituidores, falecidos catolicamente há muitos anos; e se castigam outrossim seus descendentes ou seus parentes, que não delinquíram. Castigam-se os instituidores que faleceram pia e catolicamente; porque, separando eles os bens que instituíram morgados (os quais ganharam com grande trabalho e por meios muito lícitos) e tratando de que andassem unidos em suas famílias, para se lhes cumprir as obras pias, que por honra de Deus e bem de suas almas deixaram ordenadas, estes tais miseráveis são agora punidos, revogando-se-lhes ou alterando-se-lhes suas últimas vontades, e confiscando-selhes seus bens, já de tantos anos estabelecidos, pelo delito de algum possuidor.

Castigam-se também os inocentes parentes, porque, tendo estes direitos adquiridos, e sua esperança bem fundada, para suceder a seu tempo nos morgados, conforme a vontade dos instituidores e disposições de todo o direito, vem a ser poderoso o delito de um deles, para se lhes tirar o dito direito.

Veja Vossa Alteza se, sendo príncipe tão católico, será bem que se diga no Mundo que fez uma lei, em que pela maior parte são castigados os inocentes.

Os morgados podem-se achar em um de três casos, como explica bem um doutor moderno: O primeiro caso é quando for instituído por algum herege, o qual tenha filho nascido e conhecido antes de cometer o crime. O segundo é quando esse filho de herege instituidor foi concebido e nascido depois de seu delito. O terceiro e último caso é quando o morgado é antigo e instituído por algum ascendente ou transversal ou estranho, que não foi delinquente.

No primeiro caso, dizem os doutores comumente, e assim se julga, que o filho do instituidor herege, concebido e nascido antes do delito, sucede no morgado.

No segundo caso, dizem que o filho ou outro qualquer descendente, até o segundo grau somente, não sucede no morgado; porém sucederão nele os outros descendentes seguintes, em graus ou transversais, a quem tocar.

No terceiro e último caso, sempre sucede o filho de herege, ou outro qualquer seu descendente, sem proibição alguma, e quando não houver, então passará aos transversais.

Em qualquer destes casos, poderá Vossa Alteza lícita e louvavelmente mandar que, sem embargo do que dispões o Direito comum do Reino, todas as vezes que algum delinquente no crime de heresia, ou fosse instituidor ou possuidor somente lhe não sucedesse o filho, ainda que fosse concebido, e nascido antes da instituição, ou outro descendente ainda que fosse além do segundo grau, ficasse excluído, ainda que o morgado fosse instituído por ascendente antigo, que não delinquiu.

A razão é porque isto não vinha a ser mais do que estender os graus do Direito e incapacitar as pessoas dos filhos descendentes dos hereges para terem morgados, segundo a opinião dos que têm para si que nos morgados não sucedem pessoas infames, e havendo por tais aos filhos e descendentes dos hereges; posto que o Direito não repute por infames e incapazes de sucessão aos filhos dos confessos e reconciliados com a Igreja Católica, nossa mãe pia.

Seria esta lei e este preceito muito justo, porque, como não há coisa que mais sintam os pais do que os castigos e penas dos filhos e descendentes (sendo esta a maior razão porque se sustentam as que por Direito são estabelecidas contra os filhos dos réus de Lesa Majestade), vinha a ser esta lei um meio mui conveniente para se extinguir o crime de heresia, da qual se retraíram os possuidores dos morgados, vendo que eles os hão de perder, e não hão de entrar seus filhos e descendentes na sucessão.

Deste modo não era o fim da lei padecerem os filhos inocentes pelo delito dos pais, mas somente era de que os pais, com medo da pena, se abstiveram da culpa, para daqui em diante a não cometerem.

Porém, quanto ao descendente transversal, não pode haver razão em que se funde a lei que o exclui, porque com esta pena não se vai ao fim de retrair do delito ao possuidor, de que o direito presume que por razão de transversal a deixará de cometer.

Nem também se pode fundar na inabilidade ou infâmia desse transversal; porque nesta não incorre pelo delito de seu parente; e assim nesta parte vem a ser a lei contra inocentes, e não é possível sustentar-se, antes parece se lhe deve por esta moderação; porque do modo ponderado ficava a lei mais dura que a mesma dureza, como da lei das penas dos Macedônios, de que diz Amiano Marcelino que pelo delito de um, castiga todos os seus parentes.

E vindo a última partícula desta terceira parte, em que Vossa Alteza inabilita aos cristãos-novos para sucederem em morgados instituídos por cristãos-velhos, não há dar no fundamento que se presumisse ou, para melhor dizer, que se fingisse uma presunção com a qual se persuadisse a Vossa Alteza que os instituidores dos morgados não haviam de querer que neles sucederam cristãos-novos.

Porém é coisa notável que, constando Portugal de muitos poucos morgados antigos e sendo os mais deles instituídos menos de cem anos a esta parte, tempo em que já o Reino estava cheio de homens de nação (os quais começavam a ser opulentos e contrair casamentos com os fidalgos da primeira nobreza do Reino, de que hoje há tantos descendentes ilustres nos maiores postos e lugares dele) e sendo então fácil aos instituidores por esta cláusula da expulsão dos homens da nação, pois já os tinham presentes, não puseram tal cláusula contra sua vontade sejam excluídos deles seus descendentes ou seus parentes, aos quais eles não excluíram, antes por ventura chamara.

Em mais fortes termos dispõe o direito que, ainda constando a vontade dos testadores, contudo não havendo disposição clara ou que ao menos conjecturadamente se tire das palavras dos testamentos, não se deve atender à tal vontade; e deve o negócio proceder pelas regras ordinárias.

Daqui passou a ser princípio vulgar em Direito, que a vontade do testador que não chegou a disposição, não se deve atender. Assim, e de maneira como se tal vontade não houvera, porque a dita vontade, recebida na frente dos testadores, e como presa daquele cárcere, não produz efeito algum.

Segue-se logo que, se das palavras das instituições dos morgados não constar expressa e conjecturadamente da exclusão dos cristãos-novos, não devem ser excluídos. E é coisa dura que, não podendo nas ditas instituições haver conjeturas, entrem então adivinhas, convém a saber, que adivinhem que os instituidores quiseram excluir os cristãos-novos.

E suposto que sobre esta matéria pudera trazer muitas razões políticas, delas me aparta a promessa que fiz no princípio deste papel, de que somente havia de trazer as católicas e de justiça; e fundado nestas digo, Senhor, que é muito contra as razões da caridade que seja excluído o filho, neto, ou outro parente dos instituidores, os quais eles não excluíram.

Agora perguntara ou: e quem disse que estes instituidores quereriam que seus filhos, netos e parentes, posto que tivessem mácula de sangue, deixassem de suceder nos seus morgados, com ignomínia e com desonra, e por isso entrasse outro parente remotíssimo em grau, e que este pudesse afrontar e desacreditar ao legítimo sucessor?

Acrescentarão ainda mais defeitos, sem perdoarem aos instituidores já falecidos e sepultados e desfeitos em terra, dizendo que também tinham defeitos, e que assim devem ser excluídos os que são defeituosos no nascimento.

Quais serão os ódios, os litígios, as brigas e as inimizades das famílias? Que homicídios, que latrocínios, que falsos testemunhos e outros muitos absurdos deixarão os homens de cometer nestas coisas de honra e crédito, tanto mais importantes que as da fazenda!

Oh! não permita, não, um Príncipe tão católico e tão pio como Vossa Alteza, Senhor, uma tão grande perturbação neste Reino, não somente no temporal, mas também no espiritual de seus vassalos.

PARTE IV - SOBRE OS FILHOS DOS CRISTÃOS-NOVOS NÃO PODEREM ESTUDAR NAS UNIVERSIDADES E ESCOLAS DO REINO[106].

Muito mais brevemente me explicarei nesta parte, que nas outras que até agora tratei; porque nas Letras Divinas e humanas não se acha exemplo de outra semelhante constituição, mais que uma só vez. Não considerem os autores ser lhes necessário escrever muito sobre aquilo que muitas vezes costuma acontecer. Mas suposto o que agora segunda vez se renova, e já que Vossa Alteza, persuadido do seu zelo católico, assim o ordenou, direi os inconvenientes que se representam.

Grande é o de não haver outro exemplo, (como digo) mais que um só, e este daquele detestável e pérfido homem, que foi o Imperador Juliano Apóstata. E não é pouco para reparar que, pela constituição de um Príncipe tão católico, se traga à memória a mais abominável ação de outro Príncipe, o mais perverso que teve o mundo. Mas bem creio eu, que esta circunstância e outras muitas se ocultam a Vossa Alteza; porém nelas mesmas havemos de fazer o discurso, em que há de ficar vencido quem foi desta opinião (posto que com inculpável

---

[106] Nessa parte o padre afirma que impedir o acesso à universidade é incentivar a ignorância, e que a ciência iria aproximar os cristãos novos da fé. Quanto mais ignorantes são as pessoas, de acordo com seu argumento, mais longe de Deus estão. (N. E.)

zelo), e aconselhou a Vossa Alteza, como se crê de todos os seus ministros.

Foi Juliano, cristão e mais, depois, apóstata da nossa santa Fé Católica; tornando-se ao Gentilismo e ficando com entranhável ódio à mesma Fé, ordenou que nenhum cristão pudesse aprender ciências; e quanto para o intento, usou Juliano de um meio muito proporcionado e muito concludente como mostrarei na seguinte razão:

Porque como a nossa fé católica se prova com tão eficazes argumentos, tirados uns da verdadeira Filosofia e Teologia, e outro das profecias e escrituras, entendidas no sentido são e verdadeiro, bem fez Juliano em privar aos católicos das ciências; porque com isso os ficava privando da Fé.

Muito contrário cremos e confessamos é o intento de Vossa Alteza, e assim contrária deve de ser a constituição, e a Lei. Saibam os cristãos-novos as ciências, que esse é o meio para abraçarem, para conservarem e para defenderem a Fé; e não haja lugar de que digam os ímpios infiéis que entre os ignorantes, e não entre os cientes, assenta somente a nossa sagrada Religião Católica.

BIBLIOGRAFIA

Fontes primárias manuscritas

Arquivo Nacional da Torre do Tombo (ANTT). Cadernos do promotor n. 15, 23, 24; 101-133
ANTT- IL. Processo 1664. Padre Antonio Vieira.
ANTT-IL. Processo 11992. Maria da Costa.
ANTT-IL. Processo 9255. Padre Manoel Lopes de Carvalho.
ANTT. Processo 17738. Pedro Lupina Freire
Anônimo, século XVII, *Papel que Prova Serem os da Nação a Causa dos Males que Padece Portugal*, e *Memorial que se Deu em Castella pelo qual se Mostra o Muito Dano que a Gente da Nação Tem Fei[to Naquelle Reyno e a Grande Afronta que Resulta a Este de a Termos entre Nós*, códigos 1506 e 1326 respectivamente, Manuscritos, Arquivo Nacional, Portugal, secção de Reservados.
Carta ao Pe. Manoel Fernandes, junho de 1673. Armario Jesuítico, Arquivo Nacional da Torre do Tombo, Lisboa
Carta do Padre Antônio Vieira sobre a causa do Sancto Oficio escrita ao Santíssimo Padre Innocencio XI. Códice 49/VI/23. Biblioteca da Ajuda, Lisboa.
Carta do Padre Antonio Vieira estando em Roma da primeira vez escreveu a um religioso e que também lá se achava sobre o rigor do estilo das inquisições de Portugal naquele tempo. Biblioteca da Ajuda, Lisboa, códice 49/IV/23/
Cartas que os senhores Inquisidores Gerais escreverão ao Conselho e Resposta, Ms. 13365; e *Consultas do Conselho*, Ms. 1364, pp. 78, 91, 106. Arquivo Nacional da Torre do Tombo, Lisboa
Remédios para se Atalhar o Judaísmo em Portugal, Ms. F.G. 1532. Reservados. Biblioteca Nacional de Lisboa.

Fontes primárias impressas

Anais do Museu Paulista, São Paulo, Imprensa Oficial do Estado, 1949, vol. XVIII
Cartas do Padre Antônio Vieira, coordenadas e anotadas por J. Lucio de Azevedo. Imprensa Nacional, Lisboa, 1971, 3 tomos, vol. II
Cortesão, Jaime. *Cartas Ânuas*. Manuscritos da coleção de Angelis (jesuítas e bandeirantes...), 3 vols. Rio de Janeiro: Biblioteca Nacional, 1951, 1952, 1969

"Notícias recônditas do Modo de Proceder da Inquisição com os seus presos. A edição londrina de 1722 tinha o título "Notícias recônditas y pósthumas del procedimento de las Inquisições de España y Portugal con sus presos". Tinha suas partes, uma em português e outra em castelhano. Impresso por R, Burrough and F. Baker, em Sun and Moon in Carnhill, Londres, 1708.

"Testamento Político de D. Luis da Cunha, Ed. Alfa-Omega, S. Paulo, 1976

Vieira, Antonio. *"Informação ao Conselho Ultramarino sobre as coisas do Maranhão"* in Obras Escolhidas, op. cit., vol. V, Obras Várias III

Vieira, Antonio. Sermões, ed. Lello & Irmãos, vol. IV

Vieira, Padre Antonio. *Obras Escolhidas*. Vol XI. Organizada por Hernani Cidade e Antonio Sergio. Ed. Sá da Costa. Lisboa, 1951

_____ "Memorial a favor da gente da nação hebreia sobre o recurso que intentava Ter em Roma, exposto ao sereníssimo Senhor Príncipe D. Pedro, regente deste Reino de Portugal", *in* Vieira, Antônio *Obras Escolhidas*, Ed. Sá da Costa, Lisboa, 1951, Vol. IV, Obras Várias II

_____ "Desengano católico sobra a causa da gente da nação hebreia"

Vieira, Pe. Antonio. *Defesa Perante o Tribunal do Santo Ofício*, 2 tomos, Ed. Livraria Progresso, Bahia, 1957.

Outras Fontes

De Azevedo, João Lucio. *História de Antônio Vieira: com factos e documentos novos*. 2 vols. 1a ed. 1918-1921. Lisboa: Clássica, 1992.

De Azevedo, João Lucio. "*A Oratória Sagrada: O Padre Antônio Vieira*". História da Literatura Portuguesa Ilustrada. Vol. 3. Albino F. Sampaio. Lisboa: Bertrand, 1932.

_____ *A Evolução do Sebastianismo*, Clássica, Lisboa, 1947.

Azevedo. João Lúcio. *História dos Cristãos novos portugueses*. Livraria Clássica Editora. Lisboa, 1921

Alcalá, Angel. *The Spanish Inquisition and the Inquisitional Mind*. Columbia Univ. Press, Nova York, 1987.

Benassar, Bartholomé, *L'Inquisition Espagnole, XVe-XIXe*, ed. Hachette, Paris, 1979

Baer, Itzaac, *History of the Jews in Christian Spain*. The Jewish Publication Society of America, Philadelphia 1966

Baião, Antônio. *"O sangue infecto do Padre Antônio Vieira: consequência dos Inquisidores terem razão ao dizer que procedendo contra ele procediam contra pessoa de cuja qualidade de sangue não constava ao certo"*. Instituto 77 (Coimbra,1929).

Baião, Antonio. *Episódios Dramáticos da Inquisição portuguesa*, 3 Vol. Lisboa, vol.I Porto 1919; Vol. II, Lxa. 1953; Vol. III, Lxa. 1938

Beau, Albin Eduard. "*A ideologia imperialista do Padre Antônio Vieira*". Boletim da Biblioteca da Universidade de Coimbra 15 (1942)

Baron, Salo W - *Women and Judaism. Myth, History and Struggle*, New York, 1980.

Bernard, Haim, 2 vols. *The Sephardi Legacy*, The Magness Press, The Hebrew University, Jerusalem, 1992.

Carvalho, Joaquim Barrada. *À la recherche de la spécificité de la Renaissance portugaise – L'Esmeraldo de situ orbis de Duarte Pacheco Pereira et Ia littérature portugaise de voyages à l'époque des grandes découvertes – Contribution à l'étude des origines de Ia pensée moderne*. Paris : Fondation Calouste Gulbenkian. Centre Culturel Portugais, 1983

Cortesão, Jaime. *Raposo Tavares e a formação territorial do Brasil*, in Obras Completas, vol.9, Ed. Portugalia, Porto, 1958.

Cantel, Raymond. *Prophetisme et Messianisme dans l'Oeuvre d'Antoine Vieira*. París: Ediciones Hispano Americanas, 1960.
Dias, Maria Odilia Silva. *O Fardo do Homem Branco — Southey, historiador do Brasil*. Cia. Ed. Nacional, S. Paulo, 1974
Franco, José Eduardo y Bruno Cardoso Reis. *Vieira na literatura anti-jesuítica* (séculos XVIII-XI). Lisboa: Roma Editora, 1997.
Gonzaga Cabral, Luis, S. J. *Les Sermons de Vieira:* Études *du style*. París: Ediciones Hispano Americanas, 1959.
Gonzaga Cabral, Luis, S.J. *Vieira-Pregador: Estudo philosóphico da eloquencia sagrada segundo a vida e as obras do grande orador portugués*. Braga: Livraria Cruz, 1936.
Gotaas, Mary C. *Bossuet and Vieira: A Study in National, Epochal and Individual Style*. Washington: The Catholic University of America Press, 1955.
Graham, Thomas Richard. *The Jesuit Antônio Vieira und his Plan for the Economic Rehabilitation of Seventeenth Century Portugal*. São Paulo: Divisão de Arquivo de Estado, 1978.
Gorenstein, Lina. *Heréticos e Impuros*. Prefeitura da Cidade do Rio de Janeiro. Secretaria Municipal de Cultura. Departamento Geral de Documentação e Informação Cultural. Coleção Biblioteca Carioca. Rio de Janeiro, 1995.
Gorenstein, Lina; *A Inquisição contra as Mulheres*. São Paulo, Editora Humanitas, 2002.
Kaplan, Aryeh, Meditation and Kabbalah. Samuel Weiser Publisher. Maine, 1982
Kayserling, M. *História dos Judeus em Portugal,* Ed. Pioneira, S. Paulo, 1971
Lacks, Roselyn - *Women and Judaism. Myth, History and Struggle*, New York, 1980
Luiz, Washington. *A Capitania de São Vicente*. Ed. Do Senado Federal, vol. 24. Brasilia, 2004, p. 352 (reedição).
Menchem M. Brayer - *The Jewish Woman in Rabbinic Literature*. A psychosocial Perspective, ed. New Jersey, 1986.
Novinsky, Anita - *Rol dos Culpados*. Ed. Expressão e Cultura, Rio de Janeiro, 1992.
Novinsky, Anita. *Cristãos-novos na Bahia*, ed. Perspectiva, S. Paulo, 1970.
Novinsky, Anita. *Sebastianismo, Vieira e o Messianismo judaico.* in Sobre as Naus da Iniciação. Ed. UNESP, 1997
Novinsky, Anita - "*Uma nova visão do feminismo - a mulher marrana* "in Historia de la Mujer y la Familia", org. Jorge Nuñez Sanches, ed. Nacional, Quito, Equador, 1991
Netanyahu, Ben Zion. *The Origins of the Inquisition in Fifteenth-Century Spain*, New York, 1995
Norton, Howard. "*A Ideologia nos Sermões dos Autos-de-fé*", tese de doutorado defendida na Universidade de São Paulo- Departamento de História (datilografada)
Remédios, João Mendes dos. *Os Judeus em Portugal*. 2 Volumes, Coimbra, 1895.
Salvador, José Gonçalves. *Cristãos Novos, Povoamento e Conquista do Solo Brasileiro*. Ed. Pioneira, São Paulo, 1976.
Santos, Robson Luiz Lima. *O Antissemitismo na Companhia de Jesus*. Tese doutorado defendida no Departamento de História da Universidade de São Paulo, São Paulo, 2007.
Saraiva, Antonio José. *História e Utopia. Estudos sobre Vieira*. Instituto de Cultura e língua Portuguesa. Ministério da Cultura. Lisboa, 1992 p. 75-77
Saraiva, Antônio José. *Inquisição e Cristãos-Novos*. Ed. Imprensa Universitária, Ed. Estampa, Lisboa, 1985, pp. 213-291.
Saraiva, Antonio J. *O Discurso engenhoso*. São Paulo: Perspectiva, 1980.
Sérgio, Antonio; "*Uma Interpretação não romântica do Sebastianismo*". in Obras Completas- Ensaios, Tomo I. Ed. Clássicas Sá da Costa, 2º ed. Lisboa.
Serrão, Joel. *Portugal da Paz da Restauração ao Ouro do Brasil*. Nova História de Portugal Volume VII. Editorial Presença, 2001
Sholem, Gershom; *A Mística Judaica*. Ed. Perspectiva, São Paulo, 1972, O Messias Místico, Ed. Perspectiva, São Paulo, 1995-6, 2 volumes.

Southey, Robert. *História do Brasil.* 3 volumes. Ed. Melhoramentos, São Paulo, 1977

Vainfas, Ronaldo. *Antonio Vieira, o jesuíta do Rei.* Companhia das Letras. São Paulo, 2011

Varnhagen, F. A. "*Excertos de várias listas de condenados pela Inquisição de Lisboa, desde o ano de 1711 ao de 1767*, compreendendo somente brasileiros, ou colonos estabelecidos no Brasil", in Revista Inst. Hist. e Geogr. Bras. tomo VII, ano 1931.

Villanueva, Joaquim Perez, dir. *Inquisicion Española, Nueva Vision,* Nuevos Horizontes, ed. Siglo Veintiuno, Espanha, 1980.

Yerushalmi, Y.H. *From the Spanish Court to Italian Guetto. Isaac Cardoso. A Study in Seventeenth Century Marranism and Jewish Appologetics.* Univ. of Washington Press, 1981

Acompanhe a LVM Editora nas Redes Sociais

 https://www.facebook.com/LVMeditora/

 https://www.instagram.com/lvmeditora/

Esta obra foi composta pela Spress em
Baskerville (texto) e Playfair (título) e impressa em Pólen 80g.
pela Edigráfica Gráfica e Editora Ltda para a LVM em agosto de 2021.